Valores, Poder e Resultados
A Verdade de Cada Ser Humano

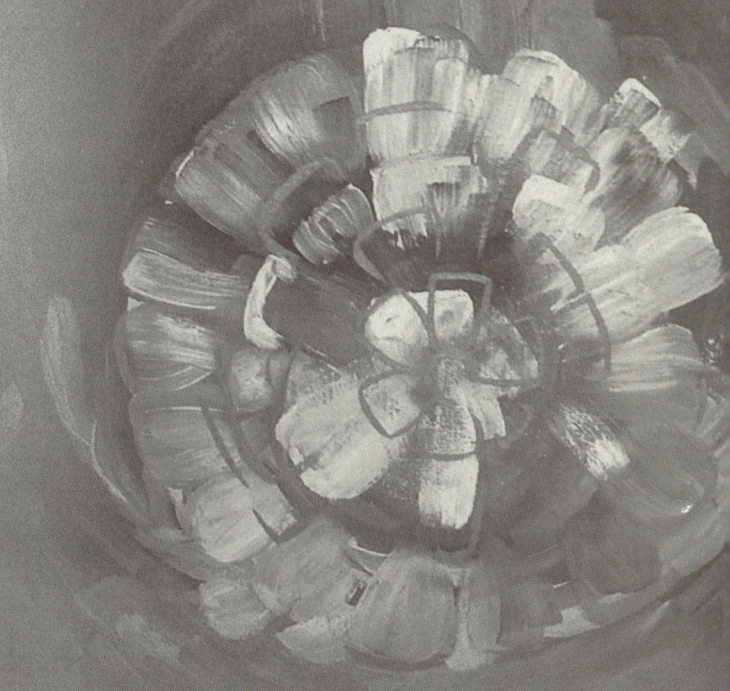

Valores, Poder e Resultados
A Verdade de Cada Ser Humano

Vera Poder

Vera Poder

Copyright© 2007 by Vera Poder

Todos os direitos desta edição reservados à Qualitymark Editora Ltda.
É proibida a duplicação ou reprodução deste volume, ou parte do mesmo,
sob qualquer meio, sem autorização expressa da Editora.

Direção Editorial SAIDUL RAHMAN MAHOMED editor@qualitymark.com.br	Produção Editorial EQUIPE QUALITYMARK
Capa WILSON COTRIM	Editoração Eletrônica EDIARTE

CIP-Brasil. Catalogação-na-fonte
Sindicato Nacional dos Editores de Livros, RJ

P797v

    Poder, Vera
        Valores, poder e resultados: as verdades de cada ser humano/Vera
Poder.– Rio de Janeiro: Qualitymark, 2007.
    140 p.:

    Inclui bibliografia
    ISBN 978-85-7303-687-9

    1. Valores. 2. Ética. 3. Conduta.
    I. Titulo.

07-2735.
CDD: 170
CDU: 17

2007
IMPRESSO NO BRASIL

Qualitymark Editora Ltda. Rua Teixeira Júnior, 441 São Cristóvão 20921-400 – Rio de Janeiro – RJ Tel.: (0XX21) 3295-9800 ou 3860-8422	Fax: (0XX21) 3295-9824 www.qualitymark.com.br E-Mail: quality@qualitymark.com.br QualityPhone: 0800-263311

Dedico este livro à minha querida família – que é o berço das minhas verdades – meus pais Lucy e Benjamin; meus irmãos Clarice, Zito e Carlos José *(in memorian)*; meus filhos Artur, Ludmila, Vivian e Walfrid e à Luz que chegou na minha vida, minha neta Catarina ensinamentos e dedicação para o meu crescimento.

DEDICATÓRIA ESPECIAL

Ao Maurice
– meu companheiro de todas as horas –,
ao seu carinho, atenção, ensinamentos e dedicação
para o meu crescimento.

AGRADECIMENTOS

Ao Daniel Sangar, pelo estímulo constante e ajuda espiritual.

Ao Ricardo Peruchi, pela atenção, dedicação e responsabilidade pelo fazer.

À Louise, por todos os ensinamentos e oportunidades.

Ao Xamã Timbere, por ter facilitado o meu encontro com a minha vida, ensinando a perceber, a reconhecer, a aceitar e a permitir.

A Iara, Eveli, Beth, Cecília – bruxinhas companheiras –, pelos retoques na minha alma.

Ao grande amigo Mauro – meu "assessor" –, por suas contribuições tão espontâneas e valiosas.

Às Bandeirantes, por compartilharem as minhas experiências, erros e acertos.

Aos Escoteiros, por me mostrarem o belo e o simples.

Aos amigos Áurea Sigrist e Claret de Toledo Piza, pelo exemplo de vida que são.

Ao amigo Balouk, por ter acreditado em mim.

À Sandra, pelos ensinamentos, empurrões e puxadas de orelha.

À Glorinha, minha irmã de coração, por ter colocado em prática as nossas conclusões.

Aos amigos e familiares que sempre me acompanham, pela solidariedade e vibração.

Aos Mestres Ascencionados, pela confiança, coragem e poder.

Vera Poder

Eu pedi PODER e
ELE me deu dificuldades para me tornar forte.

Eu pedi SABEDORIA e
ELE me deu problemas para resolver.

Eu pedi PROSPERIDADE e
ELE me deu capacidade e inteligência para trabalhar.

Eu pedi CORAGEM e
ELE me deu perigos para superar.

Eu pedi AMOR e
ELE me deu pessoas sofridas para ajudar.

Eu pedi FAVORES e
ELE me deu oportunidades.

NÃO RECEBI NADA DO QUE PEDI
RECEBI TUDO QUE PRECISEI.

MINHAS ORAÇÕES FORAM ATENDIDAS!

PREFÁCIO

"A principal tarefa de um homem na vida consiste em dar à luz a si mesmo, a se tornar aquilo que potencialmente ele é."
(Erich Fromm)

Muito de fala de Valores, aqueles que são comuns a todos e que norteiam os caminhos das civilizações: os Valores Humanos. Provenientes de constatações e conclusões das experiências vividas pelo coletivo, foram encontrados pontos que fazem bem e conduzem à paz diversas manifestações culturais, principalmente a cada Ser Humano.

Neste trabalho, uma pesquisa mais amiúde, estão manifestados os Valores Pessoais, individuais e colecionados ao longo da vida, captados em diversas etapas da existência de cada um de nós. São resultados das nossas experiências, educação, crenças, cultura, tradições e desenvolvimento.

Tal é a importância dos Valores Pessoais que eles são os nossos "decisores", "condutores" e plataformas dos nossos propósitos.

São encontrados em uma "Caixa de Ferramentas", que nos acompanha desde o nascimento até o desprendimento da vida, na forma em que estamos hoje.

Ao tomar conhecimento detalhado dos nossos Valores Pessoais, tornamo-nos fortes, seguros e poderosos. Sabendo aproveitá-los – tirando-os da sombra e trazendo-os à luz –, seremos parte atuante da realização do Grande Trabalho do que viemos.

O que fazemos com todas as informações que recebemos? De onde vêm as informações? O que se aproveita? Como é criada a nossa linha de raciocínio? Como organizamos as informações?

Essas perguntas estarão respondidas ao término do livro, com a percepção de cada um.

SUMÁRIO

Introdução 1

PARTE 1 – VALOR: O QUE É?
Capítulo 1 – O que são Valores? 7
Capítulo 2 – Valores Humanos 8
Capítulo 3 – Valor e Espiritualidade 11
Capítulo 4 – As Influências dos Valores 14
Capítulo 5 – Foco dos Valores 19

PARTE 2 – VALORES QUE FORMAM
Capítulo 1 – O Vazio 27
Capítulo 2 – Trabalhando os Valores Humanos 32
Capítulo 3 – Como "Ser Humano" 40
Capítulo 4 – Valores, Competência, Comunicação 60
Capítulo 5 – Aplicabilidade 65

PARTE 3 – VALORES QUE DECIDEM
Capítulo 1 – Suas Decisões 71
Capítulo 2 – Os 10 ou 12 Prediletos 79
Capítulo 3 – Valores de Poder 82
Capítulo 4 – Rótulos e Julgamentos 87
Capítulo 5 – A Marca Pessoal – Competências, Comunicação, Estilo 88
Capítulo 6 – Mexendo com os Valores 91

PARTE 4 – VALORES DE RESULTADOS
Capítulo 1 – O Despertar 79
Capítulo 2 – A Corrente de Pedras Preciosas 99
Capítulo 3 – Possibilidade x Probabilidade – o Poder dos Valores (Transformador) 100
Capítulo 4 – A Contrapartida 102
Capítulo 5 – Manipulação, Desafios, Prazeres 106
Capítulo 6 – "A Ordem dos Valores Altera o Produto" 107
Capítulo 7 – Correndo Atrás dos Resultados 110

INTRODUÇÃO

Valores, poder e resultados

Os valores, hoje, são considerados essenciais nas suas várias formas e aplicações. Sabemos que importância têm na nossa vida e procuramos praticá-los, divulgá-los e assimilar seus benefícios. Observando um pouco mais de perto, podemos notar que as pessoas que se realizam, alcançam seus objetivos ou são consideradas bem-sucedidas possuem um código de princípios próprio. Isso me conduziu a buscar o que gera a motivação pessoal, alimenta a vontade de cada um, suas atitudes e reações e também como se forma o caráter das pessoas.

Despertar isso em cada Ser Humano é um grande desafio. Percebendo minhas experiências, o contato com outras formas e manifestações de vida e informação, fui conduzida a aceitar esse desafio e esclarecer quais eram os "botões" que faziam cada pessoa funcionar. Torná-la capaz de trabalhar, de amar, de se divertir, ao mesmo tempo em que continua sendo eficiente na resolução de problemas e produtora de resultados excelentes. Desenvolver e aprimorar a consciência quanto à própria potencialidade, sabendo aproveitar todos os recursos em tempo ideal, assim como identificá-la e aproximá-la da natureza, integrando a sua identidade com seus sentimentos e sua realidade.

Esse é um ponto de vista novo, abrangente e completo sobre pessoas e sua forma de ser, trabalhando com os seus Valores Pessoais, conjunto absolutamente único a cada Ser.

Como foram organizadas essas informações? O processo começou na descoberta dos valores individuais e sua utilização junto aos valores do outro. A conscientização e a capacitação do exercício da liberdade, da responsabilidade, da solidariedade e da criatividade direcionavam e fortaleciam a tomada de decisões, a administração dos sentimentos e o comprometimento com o propósito. Quando a pessoa tem acesso às suas qualidades natas, encontra também significado e valor na própria vida. Cria visão e propósito com equilíbrio, aprende a entender o que acontece à sua volta, identificando rápida e corretamente as oportunidades e possibilidades.

Qual é o diferencial deste trabalho com outros da mesma área? Este traz a visão emocional, técnica, espiritual e prática – a **Razão Emocional**.

Há 15 anos, venho colhendo dados e colecionando experiências, textos, citações, histórias, observações, análises, matérias de jornais e Internet, cursos e vivências e também descobertas de pessoas que pesquisavam coisas semelhantes. Em algum momento do passado recente, comecei a receber informações em instantes de meditação, troca de experiências com sensitivos e médiuns, relatos psicografados e mensagens explícitas em sessões de terapia holística – havia algo a ser feito, e viria uma orientação para isso.

O despertar da consciência e a aplicação da Superconsciência deveriam ser usados como ferramentas por todas as pessoas, pois este trabalho mostra claramente a profunda ligação da mente com as emoções, e como as nossas decisões são tomadas tão-somente baseadas no que é importante para nós. As origens e as conseqüências dos nossos encontros, decisões e resultados, com **Consciência**, conforme orientação dos Mestres.

A capacidade pessoal deriva da habilidade de responder a qualquer situação com total controle sobre seus pensamentos e sobre suas ações. Cada pensamento que você gera cria uma resposta física em seu corpo, que desprende energia de acordo com o pensamento. A mente não pode distinguir quimicamente entre a realidade e um pensamento imaginado vividamente. Passamos a tomar medidas coerentes e de qualidade total, atingindo assim, plenamente, as nossas pretensões e idealizações.

> *"Os grandes Mestres nem sequer tinham bolsos, pois seu conhecimento está no coração, na mente e nas atitudes."*

O despertar se dará no momento em que nos conhecermos profundamente e aceitarmos as ferramentas que nos foram dadas, permitindo que a realização do propósito aconteça. A assimilação das mensagens deste livro acontecerá se seguirmos a sábia lição dos Xamãs: Perceber, Reconhecer, Aceitar e Permitir.

> *"Antes de ser excelente por fora você precisa ser excelente por dentro."*
> (Provérbio chinês)

PARTE 1

Valor: O que é?

PERCEBER
Percebo algo.
Percebo que algo não está bem acomodado.
Percebo que está pegando em alguma coisa?
Logo percebo onde dói.

Capítulo 1

O QUE SÃO VALORES?

Essa pergunta traz respostas surpreendentes em qualquer momento em que for feita:
- Valor é o preço de alguma coisa.
- Valor é quando faz bem.
- Valor é quando é alguma coisa valiosa.
- Valor é ética.
- Valor é um benefício dado ou conseguido.
- Valor é uma forma de medida – é valioso, não é valioso...
- Valor é um incentivo.

E outras tantas respostas, tão individuais, que já demonstram quais são os valores de quem responde. Não é interessante?

Inicialmente, considera-se como valor "aquilo que, em geral, é ou deve ser escolhido, é ou deve ser preferido" (Dicionário Sesc, A Linguagem da Cultura). Indica, por conseqüência, um grau de atração (apreciação) ou de repulsa (desapreço) que um indivíduo ou coletividade manifesta em face de um ser, de um objeto ou de um princípio.

É aquilo que está inquestionavelmente correto para o bem de todos.

Buscando em um dicionário, encontramos a seguinte explicação:

Valor – do lat. *Valore*, s.m., o que uma coisa vale; preço; importância; qualidade inerente a um bem ou serviço que traduz o seu grau de utilidade; qualidade daquele ou daquilo que tem força; valia; estimação; valentia; coragem; mérito; préstimo.

E outras explicações encontradas em vários lugares:
- Valor é o suporte e a inspiração para o desenvolvimento integral do potencial individual e, conseqüentemente, do social.
- Valores são elementos formadores e alimentadores de uma cultura que se institucionaliza e que se compreende igualmente a partir desses

mesmos valores cultivados, reproduzidos, vivenciados e cristalizados, no seio desta mesma cultura.

- Valor é uma realidade que se materializa a partir da concepção, das qualidades nobres e justas desejáveis em um ser humano, em uma sociedade boa e justa.

Valor é aquilo que o norteia pela vida, aquilo de que você não abre mão, é e será sempre importante para você. O que – para você – é sempre certo, o seu certo, o seu importante, a sua estrela guia: você reconhece que é um valor quando ele é indiscutível, não pode ser determinado por ninguém (se para mim é indiscutível, é um valor meu – não abro mão!).

É o que fornece respostas adequadas para as situações apresentadas.

(Nortear – Conjugar – de *norte* – v. tr, dirigir, encaminhar para o norte; fig., orientar; guiar)

> *Reconhecer o seu diferencial é ter nas mãos a chave da porta de entrada para a sua missão, o seu caminho, o seu propósito.*

Capítulo 2

VALORES HUMANOS

Origem dos valores humanos

...quando Deus fez o homem, deixou à mostra o mínimo possível.

"...E o homem trouxe consigo o sentimento de importância em relação à sobrevivência e ao desenvolvimento da própria natureza humana. Havia uma necessidade de equilíbrio: dormir e acordar, alimentar-se, expelir o excesso, procriar, proteger-se e às suas crias, abrigar-se do frio e do sol forte. Muito cedo notou também que teria de ser forte, emocionalmente, pois os desafios eram muitos e constantes: persistência, disciplina, determinação faziam parte do seu dia-a-dia – caçava ou seria caçado; fisicamente, teria de se manter disposto e corajoso, pois as pedras que compunham seu hábitat, suas defesas e proteção teriam de ser grandes e locomovidas conforme a necessidade; os troncos que lhe serviriam de suporte, armas, transporte naval eram pesados e difíceis de serem cortados e rolados. De alguma forma, tinha que descobrir possibilidades, criando, inventando, tentando, e viu-se pensando, comunicando-se consigo, com o que via e também com o que não via.

Começou a perceber o tempo – dia e noite, lua grande, lua pequena, plantas que nasciam, cresciam e desapareciam. Épocas de muita chuva, épocas de muita seca, frio ou sol escaldante. As alterações no seu corpo pediam respostas diferentes a cada variação. O seu grupo – familiar ou social – modificava-se constantemente, assim como suas necessidades.

Passou a desenvolver a rotina, pela prática da experiência e da repetição. Tudo era importante, necessário e urgente, mas em que ordem? Buscar abrigo ou alimento? Qual era a necessidade do momento? Ao encontrar seus inimigos naturais, os animais, qual instinto se apresentava primeiro? Percebeu que essas decisões e ações determinavam o seu amanhã. E o que esperar do amanhã? Será que viria? E como? Criou seus referenciais, seus limites, suas possibilidades para garantir a sobrevivência, se não sua, ao menos dos seus descendentes. Os desafios eram grandes e constantes, as surpresas, diárias; tinha de ser criada uma forma de defesa e proteção. Mas para isso era preciso descobrir o que era mais importante, fundamental. Criar âncoras, organizar as soluções, assim como a natureza fazia.

Para tanto, foi necessário perceber-se, reconhecer-se, assim como o seu meio. Afinal, os recursos disponíveis deveriam ser otimizados, pois tudo perde a força com o tempo, inclusive ele, o ser humano. É necessário renovar as energias. Mas de onde elas vinham mesmo? Da aceitação de suas necessidades e da vontade de atendê-las. A resposta veio de dentro – decodificação."

Essa é a grande diferença entre o ser humano e o animal. Animal: cumpre o ciclo da natureza – age por instinto – reage. Ser humano: realiza, toma decisões em busca de algum resultado. E permite que seu potencial natural se apresente na forma de inteligência: sei, quero, posso, faço, estou, tenho, sou.

Imediatamente, ao determinar o que é mais importante naquele momento, o ser humano criou um foco. E as soluções passam a se desenvolver ao redor desse foco. Reconhecendo o foco, o ser humano decodificou quais são os seus valores, ou seja, por que algumas coisas são mais importantes que outras. Para reconhecer o foco, o ser humano clareia seus pensamentos, conectando-se com a luz. Olha para dentro de si com clareza. E tudo passa a se aglutinar ao redor do foco.

Fazemos nossas opções baseados no que é importante para nós: nossos valores!

Se eu convidar o meu vizinho para caçar comigo, resolvo vários problemas:

1. não tenho de competir com ele;
2. poupo minhas energias não tendo que me defender ou me esconder dele;
3. caço mais;
4. tenho como trazer a caça sem ter de carregar sozinho;
5. a minha família e a dele ficam juntas esperando;
6. se eu me machucar, tenho alguém para me ajudar ou buscar ajuda;
7. ele pode ser melhor caçador que eu, e então temos mais chances de conseguir bom resultado;
8. economizaremos lenha e tempo se cozermos juntos a nossa caça;
9. aproveitaremos a fogueira para sentar e trocar idéias, aquecidos;
10. descobriremos que trabalho em conjunto rende mais: eu consigo madeira para a cerca e ele roça a terra, preparando para a plantação. Nada diferente dos nossos churrascos de hoje.

Valores, poder e resultados

O cultivo dos valores é imprescindível para construir, desenvolver, iluminar. Se assim não fosse, os mendigos não arrumariam sua tralha antes de se deitarem, muito menos acordariam no dia seguinte e partiriam, após ordenar a mesma tralha novamente. Para onde vão? Saem andando, aparentemente sem rumo, mas sabem muito bem o que buscar.

Os Valores Humanos existem e aparecem na forma individual e na forma coletiva: nas famílias, na comunidade, no Estado, nas empresas, nas organizações em geral, desde os primórdios da humanidade. Encontram-se em todos os campos da atividade humana e alcançam não só as condutas morais, religiosas e laicas, mas também as econômicas, políticas ou artísticas.

Ética, Honestidade, Integridade, Verdade, Justiça, Paz, Amor, Saúde, Fé, Família, Liberdade, Segurança, Igualdade, Retidão, Moral, Lealdade e Fidelidade são os valores mais importantes e os verdadeiramente reais.

> *"A manutenção dos Valores Humanos é imprescindível para a nossa qualidade de vida e sobrevivência, assim como a ausência de Valores Humanos é responsável por todas as misérias, tristezas e problemas do mundo."*
>
> (Sai Baba)

Ao burlar os Valores Humanos, estamos desvalorizando o sagrado, o divino, o amor em seu mais amplo significado, do específico ao universal. Estamos fugindo do propósito universal, além de perdermos as bases de sustentação e perpetuação das realizações saudáveis.

As pessoas, as organizações, os profissionais e os núcleos sociais ficam debatendo-se, tentando trabalhar a liderança, a espiritualidade, as equipes, sem reconhecer e utilizar os valores. Tempo e trabalho perdidos. A verdade como valor é relativa e temporal, e o homem, com seu intelecto em permanente expansão, irá auscultando as entranhas do seu SER em busca da ampliação da verdade. É tão importante trabalhar os valores que as pessoas e as organizações que os obtêm são as que alcançam o sucesso.

De fato, os valores estão lá sempre. Constantemente, você teve o valor verdadeiro, não precisa recebê-lo novamente. Nenhuma empresa supre isso. Ele não pode ser dado de presente por um amigo. Nós precisamos praticá-lo, experimentá-lo e propagá-lo. O que se pretende dizer com o desenvolvimento dos valores humanos? Que precisamos remover a máscara que os encobre, pois estão contidos em todos e devem ser preservados. Aqueles que se olvidaram devem ser relembrados.

Nossos valores são que marcam nossa presença na vida, nossas realizações. Estar presente é ser inteiro em todas as situações.

Algumas coisas na vida são passageiras, temporárias, perecíveis. Algumas ficam ocultas, guardadas no escuro. Os valores, ao contrário, aparecem claramente por toda a vida, em todas as situações, e sempre são os responsáveis pelos fatos. É impossível disfarçá-los, pois em algum momento (geralmente nas avaliações finais) eles surgem como os causadores de ações.

Capítulo 3

VALOR E ESPIRITUALIDADE

É muito importante ressaltar que espiritualidade é diferente de religiosidade.

Espiritualidade é o reconhecimento dos valores internos, e trabalhá-los é trabalhar a espiritualidade. É a sua conexão com o mundo, a forma como você interpreta e trabalha as informações, os recursos e os seus talentos, em prol de resultados e benefícios individuais e, conseqüentemente, coletivos.

Religiosidade é a forma que você utiliza para trabalhar a sua conexão com a Luz, a simbologia e o ritual para religar-se com o Criador.

Possivelmente, você encontrará na religiosidade muitos dos seus valores, o alento e a explicação da origem desse espírito. A maneira de lidar tanto com a espiritualidade quanto com a religiosidade também, porque ambas mexem com os seus sentimentos, embora você não defina isso como tal.

A crença, da mesma forma, é diferente da fé. Crença é ensinada, tem um ritual a ser cumprido, e, se você não ficar atento, poderá criar laços que prendem e travam o seu desenvolvimento, a sua magnitude como Ser. Somos seres independentes de qualquer crença, e optamos voluntariamente por uma ou outra, tendo depois de selecioná-las quando começam a atrapalhar a nossa visão. O acolhimento e o aconchego que algumas crenças nos dão levam-nos a acreditar que, se fizermos diferente, seremos prejudicados em algum momento.

A fé é um valor, aquele que nos traz autoconfiança, serenidade, e possibilita a visão do todo. É inquestionável, inabalável, verdadeiramente segura. É acreditar em si mesmo, na própria capacidade e no sentimento de continuidade do Ser.

A espiritualidade é a decodificação dos valores, a interpretação dos sinais da natureza, da parte "vida que a gente não vê", apenas sente, percebe.

Os valores tornam-se nítidos no momento em que observamos com atenção as virtudes, as características e as atitudes de cada ser humano, assim como as suas dificuldades, crenças e paradigmas. A explicação desses termos no dicionário já traduz isso.

Virtude – do lat. *Virtute* – s. f., disposição habitual para a prática do bem; ato virtuoso; boa qualidade moral; força moral; modo austero de vida; validade; eficácia; motivo; castidade.

Característico – adj., que caracteriza; que distingue; s. m., aquilo que caracteriza; distintivo; característica.

Atitude – do fr. *attitude* < It. *Attitudine* – s. f., posição, jeito do corpo; propósito; significação de um propósito; forma de procedimento.

Portanto, cada indivíduo tem os seus "valores prediletos", que vão sendo reconhecidos com o passar dos anos e passam a fazer parte da sua composição. Isso começa no individual e vai alastrando-se pelo coletivo, chegando até a movimentar países inteiros, etnias, originando os costumes típicos de cada grupo, a cultura de cada local.

Quando sentimos bem-estar em determinados lugares, grupos ou situações é porque encontramos a nossa "tribo", a nossa "turma", os nossos iguais. E essa identificação ocorre sutilmente, veladamente, porque está no nível espiritual, energético. Respeitamos os mesmos valores e geralmente cultivamos os mesmos propósitos. Utilizamos expressões semelhantes, temos gostos parecidos. Podemos estar juntos em várias circunstâncias, que saberemos nos comunicar sem dificuldade, e os resultados agradarão a todos.

Estando na nossa "tribo", somos autênticos, pois nenhuma atitude será estranha. Não nos sentimos violentados ou violando regras, é uma aproximação natural e grande oportunidade de desenvolvimento coletivo. Daí vem a expressão "rezam para os mesmos santos" – uma forma popular de identificar pessoas que têm valores semelhantes. Por isso, também, a confusão entre religião e espiritualidade.

Algumas outras expressões são passíveis dessa confusão:
- Meditação: não é uma religião, é uma ferramenta para a reeducação do processo mental.
- Conexão: é a elevação do subconsciente atingindo a percepção da energia metafísica e ligando-se com uma luz Superior.
- Crenças: são as formas elegidas para alcançar respostas: símbolos, simpatias, superstições, ídolos, santos, ícones e costumes enraizados, cristalizados.
- Dogmas: longe de ser valores, são regras, decisões, decretos apresentados como incontestáveis e indiscutíveis, geralmente fundamentos de uma crença. São determinados por alguém ou por um grupo. São treinados, doutrinados, assim como um regulamento.

Valores, poder e resultados

- Tradição: usos e costumes são perpetuados, herdados e seguidos, nem sempre com consciência e quase sempre por mecanismo de repetição, de modelo. A transmissão comum de conhecimentos está sujeita a tantas deturpações motivadas pela sua redação e pela memória espúria, que não pode ser encarada como um substituto da percepção direta do fato.
- Cultura: é o cultivo de tradições associadas ao conhecimento e aos valores praticados por um grupo. Pode fazer parte da cultura o uso de rituais, simbologias, hábitos e crenças, independentes da espiritualidade desse mesmo grupo, e sim ligados às tradições desse grupo.

Descoberta, transmutação, interagir, troca de energias, abertura de canal, campo de desenvolvimento: são ferramentas para executar processos de desenvolvimento mental e espiritual.

> *"É dever sagrado do espírito humano pesquisar por que se encontra na Terra, ou por que motivo vive nesta Criação, à qual encontra-se ligado por milhares de fios. Nenhum ser humano se tem em conta de tão insignificante, para crer que sua existência fosse sem finalidade, se ele mesmo assim não a tornasse."*
> (Abdruschin)

> *"Na luz da verdade."*
> (A Fala do Senhor)

> *Para assegurar que é um valor, basta colocá-lo lado a lado com qualquer situação cotidiana e verificar se continua imutável, em peso e importância.*

Capítulo 4

AS INFLUÊNCIAS DOS VALORES

As pessoas conhecem os símbolos, mas não a simbologia

Ética – ética, do lat. *ethica* < gr. *Ethiké*– s. f., ciência da moral; moral; Filos., disciplina filosófica que tem por objeto de estudo os julgamentos de valor na medida em que estes se relacionam com a distinção entre o bem e o mal.

> *"Ser ético é não burlar nenhum dos valores, coletivos ou individuais. Não ser invasivo."*

Caracterização: aprende-se a identificar quando nos sentimos invadidos e/ou agredidos naquilo em que acreditamos.

Ponto crítico: é confundido com sinceridade, transparência, retidão; mágoa profunda e veladamente.

Dificuldades: para ser ético, temos que cuidar do ego, da expansividade descontrolada, das brincadeiras de mau gosto, dos queixumes impensados.

> *"Ser ético não é apenas ficar com a boca calada, mas sim manter o coração apascentado, certificando-se de que seus atos e palavras serão de ajuda e construção, otimizando as diferenças."*

Honestidade – s. f., qualidade daquele ou daquilo que é honesto; honradez; probidade; decoro; compostura; decência; pudor; dignidade.

> *"Ser honesto é cultivar a dignidade. Colocar a cabeça no travesseiro e dormir tranqüilo."*

Caracterização: aprende-se a identificar com as conseqüências do que fazemos com a intenção de levar vantagem.

Ponto crítico: diz-se que é desculpável quando a finalidade é autêntica.

Dificuldades: a freqüência da impunidade imediata em atos desonestos que passam despercebidos leva a um comportamento viciado. A pessoa passa a considerar isso normal.

Integridade – do lat. *Integritate*, s. f., estado ou qualidade de íntegro, de intacto; fig., inteireza moral, honestidade; retidão; imparcialidade; inocência.

"Ser íntegro é apresentar-se em total transparência."

Caracterização: saber dar todas as respostas de acordo com os seus valores

Ponto crítico: às vezes, falta uma parte, por desconhecimento ou esquecimento consciente.

Dificuldades: a baixa auto-estima e a falta de amor próprio impedem a vivência da integridade – a pessoa não gosta do que pensa que é.

Verdade – do lat. *Veritate*, s. f., – qualidade do que é verdadeiro; qualidade pela qual as coisas se apresentam tais como são; realidade; coisa certa e verdadeira; boa-fé; sinceridade; princípio exato; representação fiel; caráter próprio; conformidade do que se diz com o que é. loc. adv. em: vd. *na verdade*; na: efetivamente; seguramente; realmente; o m. q. *em verdade*; Filos., – formal: verdade que não implica contradição, que consiste em um acordo de pensamento consigo próprio; verdade que assegura a lógica formal; material: verdade que se traduz na aliança do pensamento ou da afirmação com um dado factual, o qual pode ser imaterial (psíquico etc.) ou material.

"Ser verdadeiro é apresentar as idéias, os fatos, as coisas conforme são realmente."

Caracterização: fazer colocações sem pré-julgamento.

Ponto crítico: distorcer os fatos por não acreditar totalmente neles.

Dificuldades: tendência a formular a sua verdade.

Justiça – do lat. *Justitia*, s. f.: conformidade com o direito; ato de dar a cada um o que por direito lhe pertence; equidade; alçada; magistratura; conjunto de magistrados e das pessoas que servem junto deles; poder judicial.

"Ser justo é apresentar a igualdade de condições."

Caracterização: ouvir todos os lados envolvidos, sem restrição.

Ponto crítico: omitir ou desconsiderar todos os fatos.

Dificuldades: tendenciar os fatos.

Paz – do lat. *Pace*, s. f.: estado de um país que não está em guerra; tranqüilidade pública; cessação de hostilidades; serenidade de espírito; boa harmonia; sossego; conciliação; concórdia; união; silêncio.

> *"Promover a paz é apresentar a harmonia, tranqüilidade e conciliação com as soluções."*

Caracterização: agir sinceramente em direção à harmonia.
Ponto crítico: lutar pela paz é iniciar a guerra.
Dificuldades: considerar somente interesses próprios.

Amor – do lat. *Amore*, s. m. – viva afeição que nos impele para o objeto dos nossos desejos; inclinação da alma e do coração; objeto da nossa afeição; paixão; afeto; inclinação exclusiva; ant., – graça, mercê; com –: com muito gosto, com zelo; fazer –: ter relações sexuais; loc. prep., por – de: por causa de; por – de Deus: por caridade; ter – à pele: ser prudente, não arriscar a vida; captativo: vd. *amor possessivo*; conjugal: amor pelo qual as pessoas se unem pelas leis do matrimônio; oblativo: amor dedicado a outrem; platônico: intensa afeição que não inclui sentimentos carnais; possessivo: amor que leva a subjugar e monopolizar a pessoa que se ama; o m. q. *amor captativo*.

> *"Viver o amor é iluminar os corações."*

Caracterização: doação desprendida e espontânea.
Ponto crítico: considerar a troca fundamental ou parte do processo.
Dificuldades: querer receber antes de dar.

Saúde – do lat. *Salute*, s. f., – o mais alto estado do vigor mental e físico; estado de equilíbrio e completo bem-estar físico, mental e social (Organização Mundial de Saúde); saudação; brinde; ant., – salvação; casa de; estabelecimento que recebe doentes para aí serem tratados mediante uma retribuição; tratar da – a: agredir alguém; ameaçar.

> *"Manter a saúde é não permitir a entrada de nada tóxico ou nocivo no seu corpo ou no seu espírito."*

Caracterização: vida limpa de toxinas, com brilho e luz própria, em equilíbrio.
Ponto crítico: estabelecer critérios próprios de estado de saúde.
Dificuldades: as toxinas entram pelos cinco sentidos.

Fé – do lat. *fide*, confiança, s. f., – crença religiosa; crença, convicção em alguém ou alguma coisa; convicção; firmeza na execução de um compromisso; crédito; confiança; intenção; virtude teologal. dar –: dar tento, acreditar, ver; empenhar a –: dar a palavra; fazer –: outorgar certeza; púnica: deslealdade, perfídia.

"Viver em fé é comprometer-se com os seus ideais."

Caracterização: segurança, amor próprio, credibilidade.

Ponto crítico: submeter-se ou acatar ao julgamento externo.

Dificuldades: ausência de autoconhecimento suficiente.

Família – do lat. *Famíli*, s. f., – o pai, a mãe e os filhos; conjunto de parentes por consanguinidade ou por afinidade; pessoas do mesmo sangue; descendência, linhagem, estirpe; unidade de classificação dos seres vivos baseada em caracteres morfológicos e fisiológicos comuns (grupo taxionómico); conjunto de vocábulos que têm a mesma raiz; conjunto de pessoas da mesma seita, fé, sistema, profissão etc.; grupo de minerais de composição e propriedades semelhantes; ant.,– conjunto de criados ou escravos.

"Cultivar a família é manter o laço energético que envolve seres que se amam."

Caracterização: compartilhar momentos bons ou ruins com pessoas de alguma similaridade, disponíveis para esse fim.

Ponto crítico: rotular esses momentos como obrigação.

Dificuldades: desconhecer os verdadeiros laços de união e conforto emocional.

Liberdade – do lat. *Libertate*, s. f., – faculdade de uma pessoa poder dispor de si, fazendo ou deixando de fazer por seu livre arbítrio qualquer coisa; gozo dos direitos do homem livre; independência; autonomia; permissão; ousadia; *(no pl.)* regalias; *(no pl.)* privilégios; *(no pl.)* imunidades. – de consciência: direito de emitir opiniões religiosas e políticas que se julguem verdadeiras; – de imprensa: direito concedido à publicação de algo sem necessidade de qualquer autorização ou censura prévia, mas sujeito à lei, em caso de abuso; – individual: garantia que qualquer cidadão possui de não ser impedido de exercer e usufruir os seus direitos, exceto em casos previstos por lei.

"Viver livre é permitir-se acreditar nos próprios pensamentos."

Caracterização: estar disponível para criar, desenvolver e administrar a criação.

Ponto crítico: confundir com libertinagem.

Dificuldades: não saber dosar.

Segurança – s. f.,– ato ou efeito de segurar; afastamento de todo o perigo; condição do que está seguro; caução, garantia; confiança, tranqüilidade de espírito por não haver perigo; certeza; firmeza, convicção; amparo; prenhez das fêmeas dos quadrúpedes; s. 2 gên., – indivíduo encarregado da proteção de bens, pessoas, locais públicos ou locais privados; guarda-costas; – social: conjunto de sistemas de um regime destinado a garantir proteção contra diversos riscos sociais, em especial os ligados ao trabalho.

"Viver em segurança é viver riscos conduzidos."

Caracterização: dispor de recursos que permitam a vida e o crescimento.
Ponto crítico: construir defesas.
Dificuldades: não saber identificar quais os recursos necessários.
Igualdade – do lat. *Aequalitate*, s. f., – qualidade do que é igual; completa semelhança; paridade; identidade; organização social onde existem iguais direitos e oportunidades para qualquer classe; Mat., – relação existente entre duas entidades sempre que as propriedades verificadas por uma sejam verificadas por outra.

"Praticar a igualdade é certificar-se de que o acesso é aberto para quem quiser entrar."

Caracterização: assimilar critérios de identificação baseados em necessidades e interesses comuns.

Ponto crítico: discriminar.

Dificuldades: determinar a classificação.

Retidão – s. f., qualidade do que é reto; integridade de caráter; lisura no procedimento; legalidade.

Viver em retidão é andar de cabeça erguida.

Caracterização: poder manter suas atitudes com qualquer cenário, público ou situação.

Ponto crítico: utilizar máscaras oportunistas.

Dificuldades: assumir suas atitudes.

Moral – do lat. *Morale*, s. f., – conjunto de costumes e opiniões que um indivíduo ou um grupo de indivíduos possuem relativamente ao comportamento; conjunto de regras de comportamento consideradas como universalmente válidas; parte da filosofia que trata dos costumes e dos deveres do homem para com o seu semelhante e para consigo; ética; teoria ou tratado sobre o bem e o mal; lição, conceito que se extrai de uma obra, de um fato, etc.; s. m., – conjunto das nossas faculdades psíquicas; o espiritual; adj. 2 gên., – relativo aos costumes; que diz respeito à ética; relativo ao domínio espiritual.

"Ter a moral como padrão é não ofender os olhos, os ouvidos e o coração do próximo."

Caracterização: guardar a própria intimidade.

Ponto crítico: exibicionismo.

Dificuldades: não conseguir estabelecer critérios de ofensa.

Lealdade – s. f., – qualidade de leal; fidelidade; sinceridade; ação leal.

"Ser leal é respeitar o seu autocomprometimento."

Caracterização: atitude espontânea, própria, para benefício coletivo.

Ponto crítico: utilizar a lealdade como argumento para estabelecer confiança.

Dificuldades: confundir com fidelidade.

Fidelidade – do lat. *Fidelitate*, s. f., – qualidade de quem é fiel; observância da fé jurada e devida; lealdade; firmeza; afeição dedicada e constante; probidade escrupulosa; honestidade; exatidão.

"Ser fiel é cumprir a regra velada."

Caracterização: não abrir mão dos seus princípios e acordos.

Ponto crítico: conflitos internos nas decisões.

Dificuldades: jogo de interesses.

É de suma importância conhecer os valores amiúde, seu significado e interpretação. Temos o poder (possibilidade) de nos orientar corretamente, sem depender de outros, sabendo seguramente o que é importante e o que apenas fomenta o Ego, a vaidade e a disputa. Conhecimento é poder, e poder é liderança. Somente os verdadeiros líderes deixam marcas. As pessoas não lembrarão de como você era, mas sim do que você as fez sentir.

Buscamos as respostas aos nossos "porquês" constantemente. Esse conhecimento responde a vários deles.

Capítulo 5

FOCO DOS VALORES

Este livro traz a visão emocional, técnica, espiritual e prática da compreensão dos nossos valores, usando-os como base para as escolhas na próxima etapa de vida e desenvolvendo o Poder de uma Visão Pessoal – isto é, trabalhar com a razão emocional, praticar os valores em direção aos objetivos.

RESULTADOS DIRETAMENTE VINCULADOS AO VALORES

Uma coisa é muito clara: as conseqüências ou resultados alcançados com qualquer atitude, ação, pensamento ou trabalho são a demonstração direta do quanto os valores foram respeitados, equacionados, equilibrados, dimensionados, considerados. Consciente ou inconscientemente, foram eles que agiram, foi por causa deles que fizemos isso ou aquilo. Nossa seleção de opções passou por eles, sobretudo. Se foram levados em conta, a probabilidade de ter alcançado o resultado necessário (ou esperado) é maior que se tivessem sido desprezados.

Assim como em um trabalho em equipe, ou até dentro de uma empresa – às vezes todo um projeto. Ficou claro qual era o resultado esperado? E todos entenderam igual? Não. Porque todos não entendem igual, cada um dá um grau de importância para determinada informação – frases, palavras, funções. Isso independe de formação, aceitação ou forma de recepção. Também está desmembrado de um bom ou mau treinamento. É diretamente influenciado pelas prioridades contidas em cada ser humano.

QUALIDADE DE AÇÕES DIRETAMENTE VINCULADAS AOS VALORES

Se a conclusão estiver alinhada com os valores, da pessoa ou da organização, a ação executada será de grande qualidade e valia. Caso contrário, deixará a desejar, não atingirá seus objetivos ou terá seus resultados distorcidos, imediatamente ou em algum momento. O estresse está intimamente ligado a essa situação. Atitudes repetitivas contrariando os próprios valores conduzem a uma impossibilidade de administração das próprias emoções.

DIAGNÓSTICOS CORRETOS

Às vezes, o resultado de uma ação pode ter sido muito bom, mas não para todos, ou, mais grave ainda, para o próprio intérprete. Temos, então, um ser humano atormentado, frustrado sem saber a razão. Nesse momento, é muito importante diagnosticar corretamente se os valores foram respeitados, utilizados como parâmetro ou desconsiderados.

Senti-me satisfeito com o resultado por que venci ou por que ele atendeu à necessidade? O outro não achou bom por que não atendeu à necessidade, por que ele perdeu ou por que o resultado não atingiu algo que ele considera realmente importante?

Respeito à individualidade, aos sonhos, aos desejos

Quando o desejo de alguém é ser lembrado pelo carinho e pelo respeito que tem pelo ser humano, dificilmente essa pessoa será feliz sendo diretor de vendas de uma grande empresa que trabalha com produtos tóxicos, mesmo tendo muito sucesso e dinheiro. Provavelmente, dirá que sofre muita pressão, que as metas são audaciosas, que a carga de trabalho é estressante, além de ser forte candidata a ter problemas cardíacos. Será uma pessoa bem-sucedida, respeitada profissionalmente, valorizada pelos seus resultados. Mesmo que este ambiente de trabalho seja saudável e seus colaboradores se preocupem com o desenvolvimento pessoal de sua equipe, seu coração e sua mente sabem que seus grandes e bons resultados significam que mais pessoas estarão sendo submetidas a riscos de contaminação, direta ou indiretamente. Isso vai contra os seus valores. A possibilidade de essa pessoa buscar equilíbrio é dividida em dois caminhos: ou realiza um grande trabalho social, ou entrega-se a prazeres nem sempre saudáveis, ambos para compensar a sua frustração.

Relacionamentos saudáveis

Nos relacionamentos é que os valores são mais marcantes e influentes. A convivência só será possível se os valores forem conhecidos e respeitados. Caso contrário, os conflitos, as disputas e as mágoas serão erroneamente rotulados e transformados em iras, antipatias, desvalorização mútua e dificuldades. Como poderá um casal conviver em paz se um possui o enriquecimento como valor e o outro o desenvolvimento intelectual? Ou, então, um tem a vida social intensa e a boa mesa como sua base para a felicidade e o outro a saúde? Isso não é incompatibilidade de gênios, mas sim de valores! Em uma equipe de trabalho, a maioria pode compactar dos mesmos valores, mas uma pessoa, embora seja excelente profissional, pode ter valores diferentes dos outros – alcançar resultados será penoso para todos, embora possível.

Em ambos os casos, o objetivo dos envolvidos é o mesmo, o caminho também. Os valores, porém, são diferentes, o que torna os meios para alcançar os objetivos distintos.

Já em uma equipe de voluntários ou grupo social, possivelmente, ocorre o inverso: os valores são os mesmos, os meios idem, mas os objetivos e seus caminhos são diferentes. Isso torna um ato de prazer a busca pela melhor forma de alcançar resultados, pois será possível utilizar o melhor de cada um à procura de soluções.

APROVEITAMENTO TOTAL DE POTENCIALIDADES

Todo ser humano deve buscar autoconhecimento e ajuda para decodificar essa descoberta. Quando a pessoa conhece boa parte de sua formação, seja ela física, intelectual, seja ela emocional ou espiritual, consegue identificar seus pontos fortes, os pontos a desenvolver. Isso envolve: hábitos, gostos, capacidade (física e intelectual), possibilidades, aspirações e tudo que gira em torno de caminhos e realizações. Com essas informações clareadas, fica visível o mapa de potencialidades e sua associação com os valores pessoais. A partir daí, a busca pelos próximos passos deve, necessariamente, respeitar os valores e usá-los como ferramenta para encontrar o que se procura alinhado aos mesmos valores. Os resultados serão muito mais satisfatórios e produtivos, pois elimina-se a necessidade de administrar esferas de valores diferentes, nem sempre compatíveis.

EVITAR DESPERDÍCIO DE IDÉIAS, MATERIAL HUMANO, POSSIBILIDADES

Quando os valores não são considerados na escolha dos caminhos, das ações, dos agrupamentos, das equipes de trabalho, enfim, em tudo que necessite de relacionamento, dá-se uma grande perda – de idéias, de possibilidades, de soluções, de qualidade e de resultados positivos. Se conhecermos o que nos faz bem e o que não faz, e o que fazemos bem ou não, temos de aproveitar o máximo as possibilidades. Dar rumo certo às idéias e ao tempo utilizado para liberar toda a energia criativa visando ao sucesso. Não precisamos e não podemos mais ser permissivos, sacrificar nossos talentos e nos violentar. Dessa mesma forma, devemos ver o próximo, o outro, as pessoas com quem nos relacionamos pessoal, social ou profissionalmente.

CONSTITUIÇÃO DE EQUIPES DE RESULTADOS

A equipe vai-se fortalecer à medida que seus componentes se sentirem seguros, participantes e valorizados. Reconhecer o potencial de cada membro da equipe abre campo para a doação plena, a criatividade, o intercâmbio sadio, a troca de informações com qualidade. Permite que cada colaborador contribua, com energia, vontade e objetividade, pois não se faz necessária nenhuma máscara ou disputa para ser útil – o colaborador é útil porque traz conhecimentos de valor que complementam as necessidades da equipe.

Valores, poder e resultados

PERPETUAÇÃO DOS VALORES

Valores são reconhecidos e perpetuados sempre que houver pessoas preocupadas com responsabilidade social, ecologia, sustentabilidade e paz, visando a educar as gerações seguintes para o desenvolvimento. São necessários para delimitar campos de atuação com qualidade e harmonia e imprescindíveis para a formação de famílias saudáveis, amorosas e produtivas. A perpetuação dos valores conduz à manutenção adequada da qualidade de vida de cada um de nós e da continuidade da vida neste planeta – Terra –, que representa base, aconchego, possibilidade.

VALORIZAR A ÉTICA

A ética em si já traz a justificativa para a manutenção de todos os outros valores. Impossível ser ético sem transgredir os outros valores. Temos visto em várias organizações a atenção dedicada à criação e à elaboração do Código de Ética, com o cuidado de abranger todos os setores envolvidos, ocasionalmente até sendo utilizado como manual de procedimentos. A valorização da ética é, sem dúvida, o respeito ao próximo, assim como a estética.

AJUDAR AS PESSOAS A ENCONTRAREM SEUS VERDADEIROS CAMINHOS, SUAS MELHORES PERFORMANCES

O foco principal dos valores é este, tudo que é lido, considerado, representado, feito, imaginado só terá validade se for direcionado à ajuda mútua, individual ou coletiva. Cada momento vivido onde é considerada a importância do respeito aos valores humanos é de grande valia. Esse deve ser o objetivo principal dos princípios de cada um de nós.

VALORES, CONCEITOS, PRINCÍPIOS

O reconhecimento e a prática dos valores humanos conduzem à elaboração natural de conceitos e princípios, que são a solidificação de atitudes e pensamentos desenvolvidos ao longo do caminho, por meio de experiências, aprendizado, treinamento ou herança cultural.

> *"Familiaridade com os princípios é uma coisa; revesti-los com conhecimento é outra muito diferente."*
> (Rodney Collin)

Como mostrado adiante, o significado de *conceitos* e de *princípios* no dicionário facilita a compreensão dessa colocação e, mais, traz complementos que estendem a assimilação até a liberdade criativa, através do raciocínio.

Conceitos: do lat. *Conceptu,* s. m., – tudo o que o espírito concebe e entende; entendimento, idéia, opinião; concepção; síntese; a mente, o juízo, o entendimento; máxima; dito sentencioso; moralidade; parte da charada que indica o significado da decifração.

Princípios: do lat. *Principiu,* s. m., – momento em que alguma coisa tem origem; início; começo; origem; causa primária; matéria constitutiva; agente natural; razão; base; regra que se funda em um juízo de valor e que constitui um modelo para a ação; regra; lei fundamental; preceito moral; máxima; sentença; filos., – verdade fundamental sobre a qual se apóia o raciocínio; lóg., – primeira proposição, posta e não deduzida de nenhuma outra, que estabelece o ponto de partida de um dado sistema dedutivo; axioma; postulado; premissa; proposição ou noção importante à qual está subordinado o desenvolvimento de uma ordem de conhecimentos; fís., – enunciado de uma lei geral não demonstrada, mas verificada nas suas conseqüências; quím., – constituinte que exibe ou partilha uma qualidade característica; *(no pl.)* rudimentos; *(no pl.)* educação; *(no pl.)* instrução; *(no pl.)* antecedentes; *(no pl.)* primícias; *(no pl.)* primeiras épocas da vida.

PARTE 2
Valores que Formam

RECONHECER
Será uma moléstia?
Será um sentimento?
Será pura impressão?
É uma coisa que não combina comigo
ou é uma coisa que está faltando?

Capítulo 1

O VAZIO

*"O maior crescimento é o processo de dar à luz a si mesmo.
...Porque nas pessoas 'instruídas' em que não haja valores humanos, o que encontramos é somente ansiedade e preocupação."*
(Sathya Sai Baba)

As Carências levam à depressão (mal do século) ou às compulsões.

Drogas, alcoolismo, gula (obesidade), neuroses (dependência emocional), amor excessivo (paixões), religião, medicamentos, compras, dívidas, exercícios físicos, maledicência (fofocas), estética, tabagismo, Internet, poder – tirania, sexo, jogo, trabalho (*workaholic*), mãezona, perdas (eterna vítima).

Em alguns grupos e/ou idades, o uso de artifícios e/ou drogas são rituais de passagem, em que o não-participante pode ser banido do seu grupo.

Pela teoria geral dos sistemas, o micro altera o macrossistema e vice-versa, e todas as relações são afetadas diretamente... o vício é individual, mas a reação é social.

Autoboicote

As pessoas querem ser felizes, porém, às vezes, escolhem caminhos artificiais para esse fim. Caminhos que inicialmente trazem prazer, depois muito prazer, passam a ser indispensáveis e utilizados em excesso, diariamente, a todo o momento, compulsivamente. Esses caminhos passam a ser os "controladores" da vida dessas pessoas e começam a prejudicá-las, sem que percebam. Elas só os enxergam quando causam transtorno em seu relacionamento social, familiar ou profissional.

Qualidade de vida

Embora não haja um consenso sobre o conceito de qualidade de vida, três aspectos fundamentais referentes a esse aspecto foram obtidos através de um grupo de *experts* de diferentes culturas: subjetividade; multidimensionalidade; presença de dimensões positivas (por ex.: mobilidade) e negativas (por ex.: dor).

O desenvolvimento desses elementos conduziu à definição de qualidade de vida como: "A percepção do indivíduo de sua posição na vida no contexto da cultura e sistema de valores, nos quais ele vive e em relação aos seus objetivos, expectativas, padrões e preocupações". Outra definição: "Toda as ações que trazem de alguma forma um bem-estar individual e grupal podem ser consideradas como QV" (OMS).

O reconhecimento da multidimensionalidade do construto refletiu-se na estrutura do instrumento, baseada em seis domínios: físico, psicológico, nível de independência, relações sociais, meio ambiente e espiritualidade/religião/crenças pessoais.

- Domínio I – Físico: dor e desconforto; energia e fadiga; sono e repouso.
- Domínio II – Psicológico: sentimentos positivos; pensar, aprender, memória e concentração; auto-estima; imagem corporal e aparência; sentimentos negativos.
- Domínio III – Nível de independência: mobilidade; atividades da vida cotidiana; dependência de medicação ou de tratamentos; capacidade de trabalho.
- Domínio IV – Relações sociais: relações pessoais; suporte (apoio) social; atividade sexual.
- Domínio V – Ambiente: segurança física e proteção; ambiente no lar; recursos financeiros; cuidados de saúde e sociais; disponibilidade e qualidade; oportunidade de adquirir novas informações e habilidades; participação e oportunidades de recreação e lazer; ambiente físico (poluição, ruído, trânsito, clima); transporte.
- Domínio VI – Aspectos espirituais: espiritualidade/religião/crenças pessoais.

Junte-se a isso o envolvimento das diferentes culturas mundiais (Cedido por Celso de Castro).

O PROPÓSITO

O Propósito maior da vida é alcançar o amor incondicional, infinito e grandioso – Deus. Ele nos dá a vida, recebemos a vida, tornamo-nos algo digno de conectar-nos com Ele novamente, para receber novamente, e assim sucessivamente.

É muito importante perceber como os valores transcendem as organizações sociais, visto que para se compreendê-las, até mesmo a cultura de um povo,

Valores, poder e resultados

é fundamental analisar os valores que foram considerados na formação das leis, as formas de conduzir a comunidade e as suas tradições.

Baseada nessa observação, a sociedade insere o homem como digno ou indigno, elevando-o na sociedade, pela estrutura que mostra a prática do bem, como também pode rebaixá-lo, se reconhecê-lo como contrário a essa prática.

A responsabilidade principal da manutenção dos valores é da Família, assim que surge um novo membro. Com suas crenças, hábitos e costumes, a Família passa para esse novo membro o que é importante, o que deve ser considerado. Desde pequeninos, portanto, temos conhecimento de valores, e seu grau de importância na condução de nossas vidas.

Conforme nosso desenvolvimento, vamos descobrindo quais desses valores são essenciais e quais não são relevantes para alcançar nossos ideais. É isso que determina a valorização de uma pessoa pelo seu grupo social, profissional ou político. Ao mesmo tempo, o contrário também acontece: a pessoa passa a eleger seus grupos pela identificação dos valores.

A prática individual e espontânea dos valores mostra que há valores de consumo (ter) e valores de necessidade (ser). Encontrar o equilíbrio é o grande desafio, pois necessitamos de ambos para construir uma vida com qualidade.

Os danos emocionais ocorrem quando essa prática está em desequilíbrio. Isso é provocado pela falta de conscientização de cada valor. Dimensionados de forma errada, causam um conflito interno, que é o início dos distúrbios sociais: a marginalização, o vício, a maldade, o desamor, a guerra.

A humanitude reside na unidade de pensamento, palavra e ação. Os valores humanos estão embutidos em cada célula do corpo; do contrário, você não poderia ser humano. Devemos entender o que é a humanitude e praticá-la. É a verdadeira natureza da pessoa. Sem o valor do Amor, não podemos desenvolver outros valores.

A Educação Infantil é o ponto de partida para o resgate dos valores essenciais, e deve ser praticada por quem vivencia esses valores de fato. Caso contrário, torna-se inútil e infrutífera. Há muito tempo, recebi um texto (original em inglês, de Doroty Law Nolte), que mostra claramente a influência da prática dos valores essenciais na educação e da importância dos relacionamentos:

"Se a criança vive com críticas, ela aprende a condenar.
Se a criança vive com hostilidade, ela aprende a agredir.
Se a criança vive com zombarias, ela aprende a ser tímida.
Se a criança vive com humilhação, ela aprende a se sentir culpada.
Se a criança vive com tolerância, ela aprende a ser paciente.

Se a criança vive com incentivo, ela aprende a ser confiante.

Se a criança vive com elogios, ela aprende a apreciar.

Se a criança vive com retidão, ela aprende a ser justa.

Se a criança vive com segurança, ela aprende a ter fé.

Se a criança vive com aprovação, ela aprende a gostar de si mesma.

Se a criança vive com aceitação e amizade, ela aprende a encontrar amor no mundo".

Propósito – do lat. *Propositu*, s. m., deliberação; desígnio, intento; projecto; fim; modo sisudo; tino; bom senso; prudência; assunto.

Nortear – Conjugar – de *norte* – v. tr., – dirigir, encaminhar para o norte; fig. orientar; guiar.

Certo ou errado

...Mas será que são só benefícios o que obtemos ao fazer comparações?

Estamos expostos, a todo o momento, ao "espelho", pois não vivemos isolados em uma ilha, e as pessoas que nos cercam espelham todas as nossas atitudes. Positivamente falando, essa é uma "excelente ferramenta" para descobrirmos o que nos deixa desconfortáveis, e assim poder conhecer melhor os nossos pontos que precisam de desenvolvimento urgente!

Qualidades e defeitos x características

Qualidades e defeitos: ambos são úteis, fazem parte de nosso ser, são nossas características, os ingredientes da nossa "massa". Ora, como um cirurgião poderia trabalhar se não tivesse uma "veia" de sadismo? É necessário reconhecê-los, aceitá-los, conduzi-los e desenvolvê-los para o mesmo fim, o grande objetivo, nossa missão.

Todas as nossas características podem ser vistas ora como qualidades, ora como defeitos: depende de como foram desenvolvidas. Uma teimosia irritante pode ser desenvolvida para tornar-se uma determinação contagiante.

Perfil natural – temperamento

São reações e atitudes já esperadas, por nós e pelos que nos cercam. São formas de conduta já determinadas, testadas e aprovadas, treinadas em várias situações. São espontâneas e naturais. São desenvolvidas pela educação. "Eu sou assim"... e vamos partir desse ponto para analisar o resto.

Necessidades x desejos

Necessidades = sobrevivência: cada um sabe quais são as suas, que não são necessariamente as mesmas do outro, nem construídas como o outro cons-

Valores, poder e resultados

trói. O ponto de partida para atender às necessidades está exatamente no mesmo lugar do desconforto, sem muita razão. Está mais no sentimento que no material. Quantos de nós abdicamos de algumas coisas tidas como fundamentais para cobrir outras que aparentemente poderiam ser atendidas por outros meios? Cada um sabe onde o seu sapato aperta...

Desejos = realizações: muito diferente de necessidades, mas muitas vezes esses dois objetivos trocam de posições para que possam ser viabilizados. O sinal mais claro disso está na hora decidir como investir: dinheiro, tempo, conhecimento, simpatia. Na maioria das vezes, não medimos esforços para realizar um desejo. É mais estimulante e, sabiamente, torna mais fácil o atendimento das necessidades.

RÓTULOS E JULGAMENTOS, CRÍTICAS GRATUITAS, DEDUÇÕES LÓGICAS. LÓGICAS?

Há pessoas que naturalmente julgam, rotulam, criticam e analisam as outras. Já perceberam que essas pessoas são extremamente inseguras, incapazes de tomar decisões? Pedem opinião para tudo (logicamente, nenhuma é aceita nunca – pedem apenas para ter "material" para os próximos julgamentos sobre o "questionado"). Vivem sua vida e baseiam sua ações preocupadas com "o que os outros vão achar?", "o que os outros vão falar?" Quantas dessas encontramos por dia?

Existe certo ou errado? Há coisas que não são comparadas usando os outros como referência – a referência é: "Como eu estava na primavera anterior?" Isso promove reflexões muito frutíferas, e os benefícios são conseqüência dessas observações.

"QUE IMAGEM EU VENDO?"

O livro *Estratégias de Vida*, de Phillip C. McGraw, do qual gosto muito, mostrou-me coisas importantes, como lista a seguir:

As atitudes em busca do propósito:

1. O temor número um entre as pessoas é a rejeição.
2. A necessidade número dois entre todas as pessoas é a aceitação.
3. Para conduzir eficazmente as pessoas, você deve fazê-lo de modo a proteger ou a ressaltar a auto-estima delas.
4. Todo mundo – e eu quero dizer todo mundo – aborda cada situação com pelo menos alguma preocupação quanto a "o que sobra para mim nisso tudo"?

5. Todo mundo – e eu quero dizer todo mundo – prefere falar sobre coisas que são pessoalmente importantes para elas.
6. As pessoas ouvem e incorporam apenas aquilo que entendem.
7. As pessoas gostam, confiam e acreditam naqueles que gostam delas.
8. As pessoas freqüentemente fazem coisas por outras razões que não as aparentes.
9. Mesmo pessoas qualificadas podem ser, e em geral são, banais e mesquinhas.
10. Todo mundo – e eu quero dizer todo mundo – veste uma máscara social. Você deve olhar atrás da máscara para ver a pessoa.

(Isso serve bem para olharmos para dentro e para fora.)

Os riscos e os problemas, geralmente, estão ligados às expectativas. Muitas vezes, fazemos avaliação do nosso desempenho: fui bem? O resultado desse tipo de comparação pode-nos animar ou não. Mas qual foi a referência da comparação? Se alguém prepara um almoço, para avaliar se está bom, pode ter várias referências: o melhor que já fez, o melhor que já comeu, sua própria expectativa de qual era a comida que pretendia fazer.

Definindo e reconhecendo a presença dos valores nas situações apresentadas, você reconhece o que é um valor quando ele é indiscutível, não pode ser determinado por ninguém. Se para mim é indiscutível, é um valor meu – não abro mão.

O seu certo, o meu certo: ambos estão certos.

Capítulo 2

TRABALHANDO OS VALORES HUMANOS

POR QUE VIVER E SER FELIZ É TÃO INTRIGANTE?

– A importância de cada um no autoconhecimento e, como conseqüência, na auto-estima e na autoliderança.

Se eu não tiver um profundo conhecimento sobre o meu ser, minhas características, meus hábitos e meus valores, será mais difícil descobrir a minha felicidade. Quais são os meus padrões de felicidade e sucesso? Não sei o que é importante para mim; não sei também do que gosto; nem sequer conheço minhas potencialidades, meus talentos, meus desejos. Posso orientar-me pelos padrões que conheço: meus familiares, meus amigos, meus parceiros de trabalho, meus companheiros de esportes, meus ídolos e outros "modelos". Mas nada disso serve para mim. Tenho de ter os meus padrões, aquilo que serve exclusivamente para mim, independentemente do que os outros vão achar.

O que eu tenho nas mãos para me apoiar?

Em princípio, o que eu trago da minha família. Cada novo ser que chega em uma família vem presenteado com muitas expectativas sobre seu futuro. Poderá ser como a mamãe, ou como o papai, quem sabe "puxe" aquele primo tão inteligente, ou até ser o corajoso que quebrará os paradigmas que travam o desenvolvimento dessa família. Ninguém pergunta nada, geralmente determina, cada um conduz para a sua própria expectativa, e oferece opções e conhecimento adequado àquelas previsões. Mas nem mesmo eles sabem em que se basearam essas expectativas. De onde vêm seus princípios? Sua formação? Seus desejos?

O propósito da formação moral de uma criança sempre está alicerçado no seguinte tripé:

1. Protegê-la.
2. Promover o seu desenvolvimento e torná-la independente.
3. Prepará-la para o mundo.

Vamos, então, analisar como é a formação de uma pessoa, pelo aspecto valores.

Podemos apresentar, o quadro sintético abaixo dos Valores Humanos.

Valores Físicos	Corpo
	Atividades físicas
Valores Intelectuais	Economia
	Política
	Cultura
	Ciências
Valores Morais	Sentimentos
	Sociedade
	Artes
	Virtudes
	Família
Valores Espirituais	Religiosidade

Os valores morais e espirituais, de ordem superior, devem orientar os valores físicos e intelectuais, mas precisam ser trabalhados em conjunto, pois fazem parte de um mesmo sistema, que é o desenvolvimento. Valores Humanos estão em todos. Necessitamos de pessoas que possam dar estímulo e coragem para que eles sejam colocados para fora.

A família, presente ou ausente, é o início de toda a formação de qualquer ser humano. Desde o nascimento, recebemos estímulos em todos os aspectos – atividades físicas, cultura, virtudes, religiosidade etc. Somos apresentados a vários conhecimentos, seja pelo ensino, pela promoção de oportunidades, seja pela própria experiência. Esses estímulos vêm por terceiros (escola, clube, meio social, religioso), ou por exemplos diretos (atitudes dos familiares).

Em geral, os familiares passam a incentivar com mais direcionamento as reações que percebam serem natas e que tragam identificação com o meio em que vivem. Por exemplo: pais que percebem que algum de seus filhos mostra muito prazer, interesse e habilidade em esportes e passam a incentivá-lo nessa prática. Excelente iniciativa. Inscrevem-no em cursos, campeonatos, acompanham-no em viagens de torneios, compram o equipamento necessário, dão todo o apoio. Seus olhos brilham ao ver "sua cria" em ação, destacando-se na sua modalidade. A criança vai crescendo, desenvolvendo também outras áreas de sua formação e, em dado momento, desestimula-se pelo esporte e passa a criar interesse por outra atividade. O que se passa na cabeça de cada um?

Valores, poder e resultados

Pais: "Puxa, sempre dei o maior apoio, esforcei-me para equipá-lo corretamente. Abri mão de minhas atividades para acompanhá-lo e agora ele joga tudo para cima? Achei que poderia ser um campeão nesta categoria".

Filho: "Gosto muito de jogar basquete, mas já vivi todas as emoções que esse esporte poderia me dar. Não quero fazer isso a vida inteira. Agora vou cuidar da minha vida. Crescer, ser alguém".

Nesse caso, quais são os valores dos pais?
1. O interesse e a dedicação do filho por uma atividade saudável.
2. O orgulho pelos bons resultados.
3. O vislumbre de uma profissão promissora – futuro.

E os valores do filho?
1. Relacionamento social.
2. Desenvolvimento físico.
3. Desafio e alegria.

Agora, vejamos pelo outro lado: Quais são as frustrações dos pais?
1. Desperdício de talento, de tempo, de dinheiro.
2. Desconfiança em relação à seriedade e ao comprometimento.
3. Desânimo por não ter conseguido encaminhar.

E quais as frustrações do filho?
1. Causar desilusão aos pais.
2. Ver uma atividade prazerosa tornar-se uma obrigação.
3. Perceber que tem uma visão diferente dos pais.

Ambos pensaram corretamente, ambos foram amorosos, dedicaram-se ao máximo. Só que cada um tem seus valores, suas importâncias, seu caminho!

Além da formação, é na família que começa o primeiro grande exercício para a vida: o dos relacionamentos.

Apesar de toda a dedicação dos pais de oferecer o melhor para seus filhos, nem sempre isso é o melhor para eles. Cada qual veio ao mundo com uma finalidade, um propósito, e com muito amor os pais devem levar em conta suas razões – assim como as suas próprias –, desconsiderando ego ferido, vaidades, poderio, autoridade, disputas etc. A finalidade da educação familiar é promover informações, direcionar, apoiar, mas não tomar decisões uns pelos outros, nem influenciar seus caminhos. Educação é doação, desprendimento.

Ouspensky explicou que, funcionando corretamente, a personalidade é um escudo para a essência, protegendo-a das influências planetárias danosas e das mudanças extremas do clima. Isso é ainda mais verdadeiro do ponto de vista interior, em que o funcionamento correto da personalidade é proteger a essência das influências mecânicas da imaginação, da identificação e das emoções negativas, que alteram a essência e a impedem de estar presente.

> *"A razão nos conduziu à porta;*
> *mas foi a presença que nos fez entrar."*
> (Sanai)

Causas e efeitos

A Religiosidade e os Valores

Todos nós somos conduzidos, desde a infância, a adotar alguma religião. Dos processos de iniciação – batismos, cerimônias, oferendas, promessas – aos comemorativos – festas e feriados religiosos –, a curiosidade é aguçada, gerando mistérios, dúvidas, sensações. As explicações são poucas e nem sempre claras ou convincentes, mas como a criança aprende com os exemplos, durante algum tempo, essas experiências traduzem respeito, integração e segurança.

Quando pequenos, acreditamos em tudo que nos proporciona alegria, movimento, sonho, fantasia. Com o passar do tempo, convivendo com amigos na adolescência, descobrimos outras formas de cultuar a Deus, o Criador, e outros nomes utilizados para identificar algo que não vemos, mas sabemos que existe. Os jovens começam a buscar informações que confortem seus anseios; que expliquem suas sensações; que justifiquem, direcionem ou abonem suas atitudes. Normalmente, mostram interesse por informações que sejam claras para eles, até que começam a optar por caminhos que os confortem.

Esse processo ocorre em qualquer idade, e as opções e as predileções são baseadas no que se acredita. Acreditar é uma coisa muito pessoal, cada um tem suas necessidades, com sua própria graduação de importância. Por isso, muitas coisas que, por algum ponto de vista, são julgadas como heresia, pecado, intimidação, manipulação, indução, por outro, são consideradas fundamentais. É a busca dos "iguais", a identificação – seja com seres da terra ou não. Como isso me faz sentir é o que realmente importa.

Em vários grupos sociais, existem crenças que já se transformaram em hábitos e passam a fazer parte da cultura desse grupo. Assim se formam religiões, organizações, Estados.

Quando o grupo é conivente com todas as práticas e simbologias, adepto e fervoroso, ele se fortalece e cresce. Mas queremos falar das pessoas que não compactuam das mesmas práticas religiosas que lhe são familiares, ou nas quais foram conduzidas. Sua reação a essa descoberta está baseada nos seus valores, no que lhe é importante, nas suas verdades. É nesse momento que está reconhecendo os seus valores e aceita ser conduzido por eles. Assim como aquele que permanece na cultura que lhe foi apresentada, há uma identificação. Cabe ao grupo respeitar os valores de cada um.

O UNIVERSO E OS VALORES

Cada um de nós nasceu em um cenário: país, estado, cidade, bairro, família. Vindos de culturas diferentes, trazemos os hábitos, as tradições, as experiências dos nossos grupos de origem. Possivelmente, desenvolvemos habilidades características do nosso grupo, pela convivência e, às vezes, sobrevivência. Nosso conhecimento provém da sabedoria de nossos antepassados, enriquecida pelas oportunidades que esse grupo pode-nos oferecer. Também contamos com a nossa capacidade (poder fazer), diretamente ligada à nossa saúde física e mental. Acrescentamos mais benefícios considerando também as nossas qualidades, os nossos talentos. Temos todos os ingredientes para atender às nossas necessidades e realizar nossos desejos. Nossas atitudes são fundamentadas nesses ingredientes, em direção aos nossos propósitos.

O universo nos mostra, porém, de diversas maneiras, que há mais coisas a considerar. Os imprevistos; as atitudes das outras pessoas; as mudanças climáticas, sociais, econômicas e profissionais exigem reações. A todo o momento, acontecem coisas novas, diferentes, que nos deixam reflexivos, temerosos ou inseguros. Como posso fortalecer-me para continuar? É necessário perceber quais são os valores que me conduzem e alinhá-los com o meu universo. Resta saber em que poderei ser útil, de que forma farei a diferença positiva, como colaborar com o propósito da vida. Quais são os valores que este universo pratica? Ao meu redor, existem milhões de pessoas passando pelas mesmas situações. Algumas criam soluções e são felizes. E a base da criação é perceber o que eu tenho de melhor para oferecer ao mundo, este mundo que me desafia o tempo todo e clama pela minha colaboração. Aquilo que tenho de melhor e mais importante: minha competência.

A ENERGIA A OS VALORES

Quais são as energias que me movem para resultados? Melhor perguntar: de quais energias eu disponho para alcançar Resultados? Usualmente chamada de motivação – o que motiva a ação –, a grande responsável é a vontade. É fácil saber do que temos vontade, difícil é diagnosticar por que temos vontade. Mas existe uma forma de descobrir por que temos vontade de fazer algumas coisas e outras não: o que é que nos deixa confortáveis para fazer algo? Quando nos entusiasmamos com alguma coisa, é porque agiremos com liberdade de idéias, pensamentos, e usaremos nossos melhores talentos para alcançar os objetivos. Aqueles que sabemos ser importantes e fazem a diferença. À medida que desconsideramos os modelos externos e seguimos com nossas verdades, não nos violentamos e usamos todo o nosso potencial para desenvolver algum trabalho ou projeto. Quando aceitamos nosso verdadeiro ser e permitimos que o mundo externo o aceite tal como é, alcançamos o que antes seria impossível.

Trazemos em nossas células memórias de energia do universo, bastando serem acionadas. Nossa herança genética traz características e atitudes que, desenvolvidas, tornam-se padrões de comportamento. A educação é responsável pela abertura das nossas janelas de memória e conduz nossa mente à seleção natural dos valores que mais se encaixam em nossos padrões, transformando-os em alavancas da energia.

CULTURAS, CONCEITOS, CONFLITOS

Cada cultura com seus valores. Há povos que valorizam a riqueza; outros, a inteligência; outros, ainda, a espiritualidade elevada. Muitos valorizam a estética; outros, o poder. Cada qual com seus conceitos, leis, tradições, propósitos, paradigmas e valores.

Os maiores conflitos da humanidade são de idéias, mascarados por conflitos religiosos, econômicos, geográficos, raciais, mas não passam todos de conflitos de valores.

Quantos amores condenados, negociações frustradas, fome aqui, riqueza ali, ecologia de um lado, confrontando-se com depredações da natureza de outro. Todos defendendo as suas verdades, uma mais importante que a outra. O que é desperdício para uns pode ser limpeza para outros. A discriminação tem suas origens aí. No mundo político, há um cuidado, especial com os valores dos outros povos, evitando-se, assim, confrontos desnecessários e criando um clima favorável para discussões harmoniosas.

Da mesma forma que acontece no macrocenário: mundo, natureza, nações, grupos étnicos, acontece também no microcenário: família, organizações, clubes, igrejas, bairros.

Conflitos são de idéias, de valores, de atitudes, não de pessoas!

Temos muito que aprender com essas diversidades.

RAZÃO X EMOÇÃO

Nossos sentimentos estão presentes constantemente e em abundância, mas isso não lhes dá o direito de serem os comandantes das nossas decisões.

Muitas vezes, eles são a manifestação dos valores, mas nunca a sua causa – são efeito.

Imagine os sentimentos soltos, sem rumo, resolvendo aqui e lá problemas diversos da mesma forma; seria o caos, como acontece com muitas pessoas. Seriam decisões e conceitos frágeis, pequenos, vulneráveis e inúteis. Temporários, de curtíssima duração. Os sentimentos não têm parâmetros, a gente sente e pronto. Não há explicação. Se é assim, resta salvar as conseqüências dos sentimentos desenfreados.

A Razão, sim, é que comanda as decisões, e seus parâmetros são os valores que ela reconhece. Por exemplo: uma atitude adotada porque é "boa", será assim vista apenas por seu portador. Já uma atitude adotada por "bem" também será dessa forma vista por todos. Bem é diferente de bom: o bem realiza, o bom nem sempre. O bem é indiscutível, só existe um – não pode ser determinado por alguém.

Necessidades x desejos

"Eu preciso disso" – quem já ouviu essa frase? E quem já falou? Todos nós! Criamos necessidades imprescindíveis a toda hora, na expectativa de momentos melhores, mais agradáveis, prazerosos e tranqüilos. Preciso disso ou daquilo, tenho que ir ou fazer – impomos as necessidades com rigor. Serão necessidades, desejos ou alternativas, subterfúgios?

Será que alguém precisa realmente disso?
- Comprar um carro que custa R$ 200 mil.
- Comer um docinho depois do almoço.
- Ir morar a 100 quilômetros de onde vive e trabalha.
- Ter a esposa e a amante.
- Ir ao banco diariamente.
- Responder imediatamente e no mesmo grau a um insulto.
- Decorar o nome das capitais de todos os países.
- Ir socorrer as vítimas do terremoto no Paquistão.
- Visitar a França todo ano.
- Atravessar a Foz do Iguaçu de "tirolesa".
- Fazer lipoaspiração.
- Ficar um mês sem comer por livre e espontânea vontade.
- Sair toda noite.
- Repetir o prato gostoso.

Tudo isso, e mais inúmeras coisas, é feito porque se quer, e não porque seja necessário. São desejos, opções, seleções, **valores**!

Crio uma imagem, um desejo, e tudo passa a girar em função disso. Criamos expectativas a cada passo dado. A expectativa é uma das sensações mais nocivas que existem: só aceita um resultado. E isso é grave. Limita as possibilidades de sucesso em qualquer empreitada.

Expectativa – s. f., esperança baseada em supostos direitos, probabilidades ou promessas; esperança; expectação.

Passo a assistir e a esperar. Toda ação gera uma reação. Se o resultado não foi o esperado, vem a frustração.

Visão pessoal, social e profissional

"Tenho de ir trabalhar" é realmente a mais grave visão de todas. É a grande desvalorização de todo o nosso potencial, propósito e recurso. Vou trabalhar para gerar meu sustento e ser participativo e colaborador no mundo em que vivo. É importante reconhecer isso, assumir e agir com esse propósito. Os meus valores devem estar alinhados aos do meu trabalho, aos valores de quem eu atendo e também a quem respondo. Por exemplo: se inovação, exclusividade ou vanguarda forem importantes para mim, terei mais resultados se trabalhar com alguma coisa que traga isto: empresas pioneiras, produtos diferenciados ou raros, que atendam às necessidades de pessoas assim. Seria desconfortável, e ocasionalmente doloroso, para um profissional com esses valores trabalhar em uma empresa que, embora vitoriosa, faça a mesma coisa há anos.

Serei mais feliz ainda se a pessoa que eu escolho para ser meu par tenha os mesmos valores que eu. Incompatibilidade não é de gênios, é de **valores**. Isso não significa gostar das mesmas coisas, e sim ser direcionado pelas mesmas importâncias. Por exemplo: se o casal gosta de sair para jantar, será mais prazeroso se ambos conhecem o valor de um prato diferente, saboreado com tranqüilidade e oportunidade para uma conversa mais próxima. Assim como casais que gostam de praticar esportes de aventura por amor à liberdade e ao desafio. Se um dos dois vai só para acompanhar, já se perde o encanto e a oportunidade. Embora companheiros e apaixonados, o que foi só acompanhar pode relatar a viagem com algumas rusgas e criar um certo desconforto.

Para todas as situações, é necessário algum tipo de adaptação ou acordo, respeito e integridade. Caso contrário, começam a aparecer "incompetências" destrutivas e acusações mútuas, tanto no aspecto profissional como no social.

Capítulo 3

COMO "SER HUMANO"

Então, quem sou eu?
Como eu sou?
Por que sou assim?
O que faço com isso?

Responder à primeira pergunta é fácil:
- Eu sou a mãe do Fulano ou da Fulana (pai, irmão, tia, esposa).
- Eu sou bancário (programador, professor, estudante).
- Eu sou alguém que busca a paz de espírito (tem um sonho).
- Eu sou alguém que quer fazer diferença no mundo.
- Eu sou uma pessoa tímida (insegura, corajosa, preocupada, feliz).
- Eu sou o dono de um carro (apartamento, fazenda).

Mas será que essas respostas dizem quem você é, ou apenas dizem em que papel está hoje?

Ser, no seu significado, dá uma noção de permanência. Se eu disser que sou teimosa, serei sempre teimosa? Se há possibilidade de mudança, então não sou, estou.

Como eu sou é a questão da verdadeira identidade. Suas características, talentos, permanências, presença, valores. Essa é a visão real. Os demais são papéis, máscaras que utilizamos para desempenhar nossas funções.

Recebi o texto abaixo por e-mail. Além de gostar muito dele, vi uma realidade muito bem explicada, que mostra claramente o que acontece quando as máscaras passam a fazer parte do nosso ser, no nosso cotidiano:

"Cada vez que ponho uma máscara para esconder minha realidade,
fingindo ser o que não sou,
faço-o para atrair o outro, e logo descubro
que só atraio outros mascarados,
distanciando-me dos outros devido a um estorvo: a máscara.

*Faço-o para evitar que os outros vejam minhas debilidades
e logo descubro que, ao não ver minha humanidade,
os outros não podem me querer pelo que sou,
senão pela máscara.*

*Faço-o para preservar minhas amizades e logo descubro que,
quando perco um amigo, por ter sido autêntico,
realmente não era meu amigo, e, sim,
da máscara.*

*Faço-o para evitar ofender alguém e ser diplomático
e logo descubro que aquilo que mais ofende as pessoas,
das quais quero ser mais íntimo,
é a máscara.*

*Faço-o convencido de que é o melhor que posso fazer para ser amado
e logo descubro o triste paradoxo;
o que mais desejo obter com minhas máscaras
é, precisamente, o que não consigo com elas".*

E, assim, buscamos outras formas de adaptação. Conscientemente, podemos usar papéis, como atores dirigidos pelo diretor da peça, que sou eu. Coloco-me no lugar de assistente e "convoco" o ator adequado para cada função. Mas é muito importante reconhecer por que usamos esse artifício: porque temos uma auto-imagem que não aprovamos, adicionando nós mesmos fatores limitadores e ilusórios. Então, por que sou assim?

Conforme uma pesquisa de Phillip C. McGraw, algumas crenças limitadoras mais freqüentes são:

1. Pessoas pobres têm maneiras pobres.
2. Eu simplesmente não sou muito inteligente.
3. Não sou tão bom quanto as pessoas que estão competindo comigo.
4. Nunca chego na frente.
5. Não importa quão comecem as coisas, algo sempre arruína meus esforços.
6. Não consigo mudar realmente – sou quem sou.
7. Não tenho o apoio familiar para ser aquilo que realmente quero ser.
8. Nunca pude fazê-lo antes, por que ter esperanças agora?
9. Se eu estiver feliz e muito despreocupado, algo dará errado.
10. Se as pessoas soubessem quanto tempo eu estava fingindo, eu teria problemas.

11. Se eu tentasse mudar, estaria deixando outras pessoas preocupadas com isso.
12. É muito egoísmo de minha parte gastar tanto tempo e energia comigo mesmo.
13. Não mereço uma segunda chance.

Ou, então, culpamos os outros. A culpa é do outro. O que há por trás dessa afirmação? O não-reconhecimento dos próprios valores e a total desconsideração com os valores alheios. Mas o que os outros não fazem? Quanto isso interfere na minha vida? Eu mudo quanto? É você que determina como quer ser tratado, e sabe que se salva dos seus apuros sozinho. Você nunca dará um jeito em seus problemas culpando alguém.

Os valores só têm resultado trabalhando em conjunto. O homem é a ação – a caça desenfreada, a qualquer custo – predatória; a mulher é a realização, a consciência pela preservação da vida. Interagindo, ambos trazem o equilíbrio de resultados. A ignorância desse fato trouxe a depressão, a corrida alucinada ao materialismo – o capitalismo.

Não existe a missão do "eu sozinho". Ela sempre está relacionada com o outro, seja ele quem for! O outro sempre é um espelho, possibilita a visão de como eu me coloco. As atitudes do outro provocam reações: como é que eu recebo o que o outro me diz?

Portanto, o outro não me atrapalha. Ele existe para me ajudar a alcançar os **meus** desejos. Essa é a melhor ferramenta que eu tenho para descobrir a minha capacidade de amar e conseguir resultados.

Ouvi, recentemente, uma frase em uma mesa de café, dita por um pai a seu filho: "Se não quiser ter problemas, não os crie".

Um bom começo, portanto, é exercitando a Responsabilidade:
- Ser responsável pelo nível de consciência com que executa as suas atividades.
- Ser responsável por suas escolhas, decisões e atos.
- Ser responsável pela realização dos seus desejos.
- Ser responsável pelas opiniões que defende e pelos valores que o orientam na vida.
- Ser responsável pelo modo como organiza suas prioridades no tempo.
- Ser responsável por sua escolha de companheiros.
- Ser responsável pelo modo como trata as pessoas.
- Ser responsável pelo que faz com seus sentimentos e emoções.

- SER RESPONSÁVEL PELA SUA FELICIDADE.
- SER RESPONSÁVEL POR SUA VIDA E BEM-ESTAR.

Regras do jogo da vida

"Hoje em dia, a degradação dos valores é tão sensível e de conseqüências tão graves que o até o bem mais nobre do ser humano, qual seja, a 'vida', está sendo banalizado. Por motivo fútil, tira-se de outrem, parecendo ao cidadão comum viver em uma selva urbana, onde a pessoa que vive à margem do valor nobre da 'justiça' detém mais direito que aquele que cumpre com o código ético-moral."

E o que eu preciso para **realmente** conseguir gostar de mim o suficiente e acreditar que **mereço** melhores resultados na minha vida?

Tenho que acreditar em minha capacidade de existir com dignidade, ter **liberdade** de escolhas e opiniões, **ser disponível** para responder por escolhas, decisões e comportamentos adotados, ter a capacidade de produzir um resultado desejado e **ser competente** para lidar com os desafios da vida. Sou uma pessoa única, com talentos únicos. Eu sou do meu jeito, **único** no mundo, com muito a oferecer, receber e trocar!

Descobrindo minhas características, personalidade e valores

Nossas atitudes e nosso temperamento são o resultado de uma combinação muito especial de personalidade, características e valores.

Personalidade: traços naturais, herdados; meio ambiente; educação.

Características: formas de condutas desenvolvidas por mecanismos de reação natural aos estímulos recebidos.

Valores: sua conexão com o mundo. Coisas que descobriu que são muito importantes para você, e que mostram qual é o caminho a seguir, rumo ao seu objetivo. Sinta-se bem.

> *"Sentir-se bem é o seu modo de dizer a si mesmo que seu último pensamento foi verdadeiro, sua última palavra foi sábia e seu último ato foi de amor."*
> (Gisela Kassoy)

Gosto/não gosto; quero/não quero; posso/não posso; tenho/não tenho; devo/não devo.

Presto atenção nos meus defeitos e qualidades ou nas minhas características?

Valores, poder e resultados

Todos esses questionamentos são úteis, fazem parte do nosso ser, são os ingredientes da nossa "massa". É necessário reconhecê-los, aceitá-los, conduzi-los e desenvolvê-los a nosso favor.

Há alguns anos, comentei com meu pai que minha filha era muito teimosa. Ele retrucou, dizendo que eu também era. Protestei veementemente; ele riu e disse: "Você, quando quer uma coisa, vai até conseguir". "Mas isso é persistência, não teimosia, pai!" E qual é a diferença? A diferença é que a persistência é uma teimosia trabalhada, direcionada e aplicada para um determinado fim. Assim como um cirurgião, um dentista ou uma manicure, que trazem, impreterivelmente, a característica de "sadismo" devidamente reconhecida e desenvolvida. Caso contrário, não conseguiriam ser bons profissionais, pois essas funções exigem precisão e prazer no limpar, no cortar, no furar etc.

Para sentir-me preenchido, tenho de ser estável. Para ser estável, é necessário que eu tenha o equilíbrio entre:

> Ser alegre, e não inconveniente.
> Ser sincero, e não machucar.
> Ser firme nas idéias, e não arrogante.
> Ser humilde, e não submisso.
> Ser rápido, e não impreciso.
> Ser contente, e não complacente
> Ser despreocupado, e não descuidado.
> Ser amoroso, e não apegado
> Ser pacífico, e não passivo
> Ser disciplinado, e não rígido.
> Ser flexível, e não frouxo.
> Ser comunicativo, e não exagerado.
> Ser obediente, e não cego.
> Ser doce, e não melado.
> Ser moldável, e não tolo.
> Ser introspectivo, e não enclausurado.
> Ser determinado, e não teimoso.
> Ser corajoso, e não agressivo.

Essas observações mostram claramente como transformar um "defeito" em "qualidade", direcionando as características para a construção.

Há uma grande distância, porém, entre a mente e o coração – a maior que temos de enfrentar. Mas existem alguns caminhos para ir mais rápido e sem dor.

Por que x para quê

Temos o hábito de dizer: "Por que eu sou assim? Por que aconteceu isso? Por que não consegui?" Experimente trocar por "para quê" – essa é a pergunta que deve ser feita. "Para que eu sou assim?" já conduz à observação: isso deve ter uma utilidade ou um benefício. Qual a função dessa característica? No que ela pode ser útil? Assim como perguntar "para que aconteceu isso?", também nos conduz à averiguação das possibilidades: qual a finalidade desse fato, assim dessa maneira?

"Por que eu não consegui" leva à constatação de que deve ser feito de outro modo, ou o objetivo está equivocado.

Com essas análises, poderemos descobrir outras facetas de nós e novas formas de agir, provavelmente mais produtivas.

O caos x a ordem

Todas as vezes que nos deparamos com um problema ou uma dúvida, cria-se um pequeno caos na nossa mente. Insegurança, desconhecimento, ansiedade, que nos impedem de pensar, usar a razão. Queremos respostas, queremos soluções. Quais devem ser os critérios de seleção? Só há um caminho: o grau de importância das conseqüências, que será dirigido pelos meus valores, meu código pessoal. Se temos alinhados e conscientes os nossos valores, podemos discernir com calma e sensatez e ficar tranqüilos em relação à nossa capacidade de encontrar os caminhos. Desaparecem as dúvidas porque saberemos como conduzir. Apesar disso, o universo continua o seu caminho, e novas perguntas surgirão.

Nova situação = nova ordem – como os planetas; dia e noite; estações do ano

Há um provérbio chinês que diz: "Nada como 60 dias depois". Completo esse pensamento dizendo: O que já aconteceu não tem como ser mexido, mudado ou apagado. Portanto, não volte para trás. Procure sempre decidir a partir do agora. Quais são os fatos e os recursos possíveis **agora?** Às vezes, buscamos na memória soluções usadas anteriormente e tentamos "encaixá-las" na nova situação, mas é importante lembrar que é outra estação, outro ano, outro momento. Mudou o cenário, mudou a necessidade, mudou o seu momento. A árvore do seu jardim não estará do mesmo tamanho que no último inverno. A solução encontrada deve servir para o agora, pois 60 dias atrás tudo era diferente. A única coisa que continua igual são os seus valores: esses não mudam. Por isso é que são a sua segurança. Se eu não gostei de ser desrespeitado ontem, continuarei não gostando amanhã, ano que vem e sempre!

Valores, poder e resultados

Vai realizar o quê?

Você veio ao mundo a passeio? Com certeza não, deve existir uma grande razão para isso. Você tem projetos, planos, sonhos, idéias, além da sua realidade atual, e todos eles estão interligados. O que você está fazendo hoje tem a ver com a sua realização pretendida? Pode ser que a primeira resposta seja negativa, mas observe bem: se está se sentindo confortável e motivado no seu caminho, mesmo que ele tenha muitos obstáculos, possivelmente está no caminho certo. Mas se os aborrecimentos são uma constante na sua vida, está na hora de alinhar os seus talentos e potenciais com seu projeto de vida, sua missão, porque isso é sinal de que, de alguma forma, você está violando seu código de valores. Ao observar atentamente suas características e averiguar para que elas são úteis, você já terá uma pista do que veio fazer no mundo.

Quer ser lembrado por quê?

Todas as vezes que faço essa pergunta, a maioria das pessoas responde: Não quero ser famoso, não quero ser lembrado. Mas e a sua contribuição ao mundo? Vai utilizar todos os recursos disponíveis e não deixar nada em troca? Esse é sempre um momento de silêncio: não nos preparamos para responder isso. Quero ser lembrado como alguém avarento ou alguém solidário? Alguém que trouxe uma nova idéia, uma nova solução, ou alguém que não fez a diferença? Se eu não potencializar o meu diferencial, não realizarei **nada**. Ninguém é igual a ninguém.

Certa ocasião, conheci um homem que vivia dizendo ao seu amigo, representante de um laboratório, que gostaria de ser como ele, que ganhava bem, tinha muitos amigos, era tido como uma pessoa bem-sucedida. Tanto falou que o amigo chamou-o assim que abriram vagas na empresa. Ensinou-lhe os segredos da função e mostrou os caminhos. Passados dois anos, o novo representante estava triste, desmotivado, aborrecido e aborrecendo. Nada estava bom, não estava contente com a sua vida, nem com seus resultados. Acabou por desistir e, com as suas economias, resolveu abrir um negócio próprio. Passados mais dois anos, ele estava feliz, era reconhecido como uma pessoa bem-sucedida e havia feito novos amigos. Seu talento era outro, e hoje ganha muito mais que seu amigo do laboratório.

Reconheça seus talentos, assim como sua função no mundo – ela é única, e só você poderá cumpri-la.

Expectativa x plano

Todas as nossas ações têm algum objetivo, e causarão algum tipo de reação nas pessoas próximas, na família, na comunidade. Torna-se muito comum a reclamação de que, quando seguimos os nossos instintos, incomodamos as pessoas. Claro, todas essas pessoas têm alguma expectativa em relação a você, assim como você mesmo as tem. Elas estão esperando os seus resultados, as suas contribuições pessoais. Mas, e você? Também está esperando ou tem um plano de ação?

"Quero ser um dos grandes profissionais da minha área!" Seus valores são compatíveis com essa visão? Ou seja, para ser um dos grandes profissionais da sua área você não terá de se violentar, ir contra os seus princípios? Se a resposta for: "Meus valores estão perfeitamente alinhados com essa visão", ótimo, porque assim você só terá de se preparar adequadamente.

Quando temos uma visão de futuro que se encaixa com os nossos princípios, possuímos a habilidade de responder a qualquer situação com total controle sobre nossos pensamentos e ações, pois a mente reconhece quando um pensamento está de acordo com a sua realidade, e cria uma energia positiva. Por isso é que se diz: "Se você não agir em relação à vida, ela agirá em relação a você. Se não encontrar um sentido para a sua vida, ela fará isso por você. Se não decidir e planejar aonde quer chegar (ficar apenas na expectativa), provavelmente a vida o levará a um lugar onde você nunca quis estar".

Medo – desafios – superação

Nesse estágio, o maior rival dos resultados é o **medo**. O medo é uma energia muito forte que deve ser aproveitada, transformada em coragem. Segundo o dicionário "Aurélio", medo é um "sentimento de grande inquietação ante a noção de um perigo real ou imaginário, de uma ameaça". Encontram-se também várias definições em outros dicionários: receio; hesitação; incerteza; desconhecimento; apreensão. Tenha em mente que muito do que sentimos é originado de coisas que pensamos mas não notamos, isto é, estão inconscientes – reagimos e tomamos decisões influenciados por algo que não sabemos que está lá. A conscientização é o primeiro passo para se ter mais opções de lidar com a situação (Virgílio). Sempre que tiver um pensamento e agir como se ele fosse real, ele se tornará real para você. Repita o mesmo pensamento, ou outro parecido, com alguma freqüência e ele se tornará uma profecia auto-realizadora. Muitos dos seus medos são hereditários – paradigmas, crenças – ou frutos da cristalização de experiências ruins. Isso não quer dizer que sejam verdadeiros, nem que irão repetir-se.

Portanto, pensar em coisas indesejadas faz parte do processo normal da avaliação que fazemos do ambiente, em particular, quando é novo ou tem elementos novos. As direções negativas nos indicam o que não deve ser feito, o que não conduz aos objetivos ou conduz a conseqüências e efeitos colaterais

Valores, poder e resultados

indesejados. São como um sinal de trânsito que diz "Não vá por aqui". O medo, então, é nosso aliado, no sentido de que nos informa que existe a possibilidade de que pode ser melhor não fazer algo. Imagine alguém sem medo, o que pode fazer! (Virgílio Vasconcelos Vilela).

Em uma de suas obras, o Dr. Victor Frankl diz: "Somente conhecemos e vivemos a vida através do significado ou da importância das percepções que atribuímos a ela". Ou seja, não importam as circunstâncias, você escolhe sua percepção dos acontecimentos. Se você quiser manifestações positivas de pleno potencial e capacidade, pense positivo e tenha atitudes positivas. Como está no controle de seus atos, desde que decida estar, opte por concentrar-se em pensamentos que o aproximam da pessoa que você decidiu ser. Atitudes negativas, fofocas, medo, inveja e coisas parecidas não devem comandar a sua vida e a sua atenção, mas comandarão se você permitir. Talvez você não consiga impedir que uma mudança indesejável ocorra na sua vida, mas pode-se programar para tomar medidas positivas e aproveitar ao máximo a novidade. Você não é incapaz. Você tem um poder enorme para agir, estabelecer objetivos e ir atrás deles.

O medo será um problema apenas quando:
- Ficarmos prestando atenção ao que não queremos que aconteça e apenas reagindo a isso, ou seja, paralisados e sem opção de ação.
- A nossa projeção de conseqüências estiver distorcida da realidade.

Por conta do medo, deixamos de enfrentar desafios que poderiam levar-nos a realizações maravilhosas.

"Nossas dúvidas são traidoras e fazem-nos perder o bem que desejamos pelo medo de o buscar." Essa é uma frase famosa e antiga – infelizmente não me recordo o autor – que nos faz pensar em desafios como oportunidades a serem consideradas. Existem milhões de pessoas neste mundo que superaram desafios tremendos e foram bem-sucedidas.

Tome medidas coerentes, aproximando-se de sua meta de se tornar a pessoa que escolheu ser. Crie uma imagem mental vívida, detalhando seu estado desejado. Descreva como cada aspecto de sua vida será, como se você já tivesse atingido esse estágio. Assuma todas as qualidades coerentes com a pessoa que pretende ser e você se transformará de acordo com o que idealizou. Desafio, nos dicionários, é traduzido como jogo, competição, provocação. Prepare-se para um desafio conhecendo todas as "regras" do jogo: vencerá o que estiver mais perto da realidade.

Superar, então, é transpor um obstáculo. Disse o professor Milioni, em um de seus treinamentos, que a nossa energia deve ser utilizada como a de um foguete: quando ele despeja a energia para baixo, a força o impulsiona para cima. Trazendo essa citação para o nosso caso, se observarmos atentamente todas as origens dos nossos medos, conhecê-las conscientemente e administrá-las dentro da realidade, teremos força e impulso suficientes para enfrentar qualquer desafio. Isso é, verdadeiramente, transformar o medo em coragem!

Valores: código moral e ético

Quais são os princípios que você deve cultivar para manter os seus valores? Os seus princípios são o compromisso de vida com o que você acredita. É o **seu** código de ética.

Boa parte da minha formação e dos meus filhos também vem da convivência com os escoteiros e bandeirantes. Foi nesse ambiente que pudemos confirmar a importância de um código de ética. Os dois movimentos foram criados por Lord Baden Powell, há 100 anos, totalmente baseados na vivência dos valores éticos e morais. Desnecessário lembrar que são os mesmos dos quais falamos neste livro inteiro, e muitas das orientações apresentadas são conseqüência das experiências (comprovadas) observadas com a prática do método, que é todo baseado em quatro pilares: Liberdade, Responsabilidade, Criatividade e Solidariedade.

Como são trabalhados esses pilares:

- A Liberdade de alguma coisa – Liberdade para alguma coisa.
- A Criatividade como energia em movimento, direcionada para a construção.
- A Responsabilidade pelos seus sentimentos, pensamentos e ações.
- A Solidariedade como forma de compartilhar potencialidades – a troca.

Ou seja, trabalhar os valores, com valores e pelos valores fortalece o desenvolvimento do ser humano, bem ao contrário do que se ouve: isso é chato e inútil.

Escolhas

- Longo prazo – o que vou deixar de contribuição para o mundo. A visão, o resultado da minha passagem, o aproveitamento da oportunidade de estar presente, de contribuir para a evolução da espécie. O aprimoramento dos meus herdeiros, naturais ou sociais. O desenvolvimento da minha criatividade e a boa utilização da minha energia.
- Médio prazo – o meu futuro como ser humano, material e espiritual. A construção de patrimônio táctil e benéfico, abrangente e solidário.

O uso das minhas potencialidades para a manutenção da minha saúde física, mental, espiritual e emocional. A minha proteção contra o desperdício, a dúvida, a insegurança, o vazio, a maledicência e o desgaste.

- Curto prazo – a utilização do meu tempo, a administração dos meus projetos, o meu dia-a-dia, o planejamento assertivo, sem boicotes ou ilusões.

As metas devem ser específicas, mensuráveis, alcançáveis, realistas, temporizadas. Todas as nossas escolhas são diretamente vinculadas aos nossos valores. Cada um tem as suas. O sucesso é um alvo móvel e personalizado e é construído a partir do equilíbrio entre o usufruto do prazer e as dores ocasionais. Você é um indivíduo único, suas percepções são únicas e os significados que você atribui à sua vida são somente seus.

> *"Somente conhecemos e vivemos a vida através do significado ou da importância das percepções que atribuímos a ela."*
>
> (Victor Frankl)

Quem conduz?

Eu e meus "eus".

Vários autores com quem "dialogo" elaboraram conceitos sobre a condução da vida, todos muito interessantes e práticos, e com algo em comum: eu e meus "eus".

Ken O'Donnell trabalha brilhantemente a idéia do "piloto": você é um automóvel, e o piloto encontra-se no centro frontal de sua cabeça, com ampla visão. Ele recebe a informação do externo e conduz conforme o funcionamento interno. Ou seja, você sabe para onde tem de ir e "ele" segue as regras de trânsito.

Phillip C. McGraw adotou a versão do "administrador", que tem um cliente a atender: pensar sobre o administrador da sua vida como se fosse outra pessoa pode trazer-lhe a objetividade necessária para dar um passo atrás e avaliar como você está resolvendo. Como avaliador, você pode concluir que seu maior problema é que não pode despedir o administrador de sua vida, da mesma maneira que faria com alguém que estivesse gerenciando mal seus negócios ou seus funcionários. Esse é um administrador de vida com o qual você tem de trabalhar, você precisa motivá-lo, educá-lo e ser paciente com ele.

Ouspensky ensinou que, sem a lembrança de si, nosso ser é semelhante a uma casa sem amo e os "são como empregados em completa desordem". Para ele, alguns poucos empregados mais sensíveis – conhecidos no coletivo como "eu" observador – percebem o que se passa e indicam um mordomo substituto para garantir que todos os outros "eus" parem de interferir uns com os outros e comecem a trabalhar corretamente. O mordomo substituto faz isso a fim de preparar a casa para o mordomo, que por sua vez vai prepará-la para o amo – a presença dos centros superiores. Em outras palavras, todas as nossas decisões são tomadas no emocional; elas acontecem simultaneamente: trabalho, família, conhecimento, progressão, comunidade, relacionamentos, economia, saúde – sendo agora consideradas "empregados".

A vontade e o impulso são aqui apresentados como o "mordomo substituto", e o mordomo é a razão. Lembrando que "a razão é o coração querendo ouvir as palavras, a razão é a palavra do coração", o mordomo toma as decisões necessárias para atender o "amo" – você – iluminado e atento à sua linha mestra: seus valores! O mordomo não é a consciência; é um nível de atenção emocional treinada para perceber que não somos conscientes. Como uma bússola, indica-nos a direção para sermos mais conscientes.

Há também uma outra forma de entendimento: você é um diretor "estrategista" que encarrega seus atores de executarem determinados papéis (suas ações) contidos no enredo (seus valores).

Apesar da dificuldade de concentração nessa forma, isso nos mostra como os valores são a espinha, a coluna de sustentação, o norte. E a conscientização é fundamental para que toda e qualquer ação seja coerente com a sua índole, seu caráter e seu temperamento, sua propensão natural, que distingue você dos outros, sem violentar os seus princípios.

Definindo e reconhecento os meus valores

"Não há motivação no mundo que me faça dar resultados se eles não forem compatíveis com os meus valores."

"Eu não agia como os outros. Será que só por isso eu não obtive sucesso?"

"Se for verdadeiro, não será sofrido."

"Quantas vezes nos violentamos, somente para agradar aos outros, ou para conseguir resultados esperados pelos outros – pais, filhos, subordinados, chefes, governantes, artistas."

"Ser ator, representar um papel, pode ser uma solução, desde que seja temporária e consciente."

"Como eu me boicoto o tempo todo, sem perceber."

Essas frases mostram claramente a necessidade de se encontrar os próprios valores. Eles são diferentes dos valores humanos, que são genéricos e coletivos. Agora estamos falando dos nossos, particulares. Os valores humanos são comuns a todas as pessoas, mas os particulares são os meus importantes.

Para entender isso claramente, vamos fazer um exercício simples e eficiente, que denomino "Linha do Tempo", e aprendi com Ken O'Donnell.

1. Lembre-se calma e pausadamente das coisas muito importantes que lhe aconteceram nesses últimos 20 anos e faça uma lista, sem se preocupar com a ordem das coisas. Lembre e escreva. Por exemplo: aprovação em um curso, nascimento de um filho, primeiro emprego, decepção amorosa, perda de emprego e/ou pessoas queridas, conquistas, realizações, decepções, casamento, sociedade, prêmios, separações, viagens, enfim, tudo que foi significativo em sua vida, de bom ou de ruim.
2. Coloque agora essa lista na ordem cronológica.
3. Qualifique cada um desses eventos, dando notas de 0 a 10, conforme o grau de satisfação ou insatisfação gerado. Forme um gráfico com essas informações, colocando o tempo na horizontal e as notas na vertical, em ordem crescente – de baixo para cima, na linha das notas, e da esquerda para a direita, na linha do tempo.

Agora estamos em um momento muito importante da sua vida, no qual descobriremos quais são os seus valores. Portanto, vamos seguir algumas regras fundamentais descritas a seguir.

Perceber, reconhecer, aceitar, permitir

Perceber (do latim "percipere") – receber uma informação.

Perceba que a sua vida é feita de movimentos. Em alguns momentos, você recebeu alguma informação que o levou para cima; em outros, a informação o leva para baixo. Observe atentamente, sem julgamentos, discriminação ou preconceitos.

Reconhecer (do latim "recognoscere") – identificar o sentido.

Analise o significado das observações. O que elas transmitem, o que significam. Que peso tem cada uma das informações. Reconheça as suas reações a cada uma delas.

Aceitar (do latim "accipere") – aceitar a condição.

Aceite as características, as desculpas, as condições, as conclusões de cada momento. Você não reagiu da mesma forma a todas elas. Cada uma estava em um período da sua vida e você é um ser mutante, como a natureza. As condições de cada período eram diferentes.

Permitir (do latim "concedere") – dar a possibilidade

Permita-se a observação. Analise as possibilidades para cada conclusão. Você teve plena liberdade de reagir da forma que reagiu.

Permita-se ser como você é e usar as possibilidades que achou mais convenientes. Você é assim!

AÇÃO E REAÇÃO – EFEITOS DAS MINHAS ATITUDES E CONCLUSÕES

Voltando ao gráfico, observe os momentos de subida e analise: o que foi que o fez subir? Quais as causas da satisfação, da alegria e do crescimento? Qual foi a motivação para reagir? Como foi que você saiu do buraco?

Cada movimento de subida teve uma motivação – anote cada uma delas. Alguma coisa o despertou para a vida, na qual valia a pena se apegar. Conseguiu detectar?

Pois bem, se conseguiu, parabéns! Esses são os seus principais valores!

Seus valores sempre o fortalecem, impulsionam e trazem sustentabilidade. Assim será sempre, em qualquer época, em qualquer situação.

Analise agora os momentos de queda: por que você caiu? Como recebeu esse fato para ficar em "baixa"? Do que sentiu falta? As respostas são os valores que você necessita desenvolver e acrescentar na sua lista dos "preferidos". São os que estão fazendo falta.

Em vários momentos da minha vida, participei de acaloradas discussões com profissionais de grandes resultados e realizações, porém frios e céticos, sobre a interpretação desses dados nas suas vidas. Havia uma resistência muito forte nessas pessoas de acreditar que isso eram valores. A maioria dizia que eram posturas de resposta aos estímulos externos, à necessidade de profissionalismo, às características da função, à exigência hierárquica. Mas nenhum deles admitiu que eram atitudes habituais, sucessivas, fruto de sua própria natureza ou formação. Essa reação também mostra o desconforto quando os valores são bem definidos externamente, mas desconhecidos internamente. Embora surjam os resultados e o sucesso, a sensação de prontidão impede que as pessoas usufruam os benefícios dessas características e de seus valores, direcionem-se para a edificação e o próprio desenvolvimento.

Em uma das empresas em que trabalhei, a direção era distribuída entre três sócios. Cada qual especialista na sua área e todos bastante polidos e interessados. Mas em toda reunião semanal comigo, que era gerente de vendas, havia uma intriga qualquer a respeito dos relatórios apresentados. Sempre um deles não concordava com alguma colocação, embora todos concluíssem que estavam corretos e as vendas cresciam. Aquilo também me intrigava. Modifiquei a forma de apresentação desses relatórios inúmeras vezes, e o problema continuava. Até que passei a observá-los no dia-a-dia, tentando desvendar a decodificação que cada um fazia. Finalmente, descobri a solução: editava toda semana três relatórios, idênticos em conteúdo, mas diferentes na apresentação. O primeiro sócio conseguia ler a informação e acompanhar o raciocínio se a escrita estivesse rigorosamente alinhada, livre de poluição visual, em cor clara, e com informações nitidamente separadas. O segundo ficava satisfeito com os destaques coloridos e gráficos ilustrando as palavras. O terceiro precisava das páginas em letras fortes, sem muito espaço entre as informações, repetidas em várias formas e comparadas. A partir desse dia, todas as reuniões foram prazerosas e os três enxergavam os resultados, motivando-se para novos desafios, estímulos à equipe e investimentos em melhorias.

Parece complicado, mas fica fácil identificar quais eram os valores "prediletos" de cada um. Do primeiro, clareza, transparência, objetividade, abertura de caminhos, assertividade; do segundo, alegria, versatilidade, crescimento, reconhecimento; do terceiro, segurança, firmeza, certificação, aprendizado. Além disso, todos tinham em comum: rapidez e confiança em suas "listas de prediletos".

"As coisas não mudam; nós mudamos."
(Henry David Thoreau)

Não espere que as "coisas" mudem para que tudo fique melhor para você. Mude você e torne as coisas melhores! Você é a única pessoa habilitada a mudar os destinos da sua felicidade. Mais saiba que, independentemente do tempo disponível para a execução dos seus planos, nada poderá ser desprezado, nada poderá passar em branco. No interior do seu ser existe uma força tão poderosa que, quando usá-la, terá a oportunidade real de melhorar o mundo em que vivemos. Acredite em você, afinal você faz toda a diferença na vida de todos nós!

IDENTIFICAÇÃO COM A SUA "TRIBO"

Até que ponto o ambiente externo influencia nossa vida? Onde fica a linha divisória entre o meu comando e a entrega aos ventos?

O ambiente em que vivemos exerce forte influência sobre o nosso comportamento e o nosso destino. Por isso, alguns riscos são possíveis antes de se reconhecerem as identidades. Os valores de um ambiente, em geral, são determinados pelo estilo de quem está no comando. O que chega depois pode-se "encantar" com alguns desses valores, mas se não forem compatíveis com os seus, ao tentar moldar-se estará causando um sofrimento em uma ansiedade muito desconfortáveis.

Mas se o que chega comungar dos mesmos princípios que o restante, sentir-se-á acolhido e seguro, podendo desenvolver-se, aprender e ensinar, retendo o que é útil e descartando o que não tem valia.

Essa é a base da criação dos grupos de interesses culturais, partidos políticos, seitas, ONGs, comunidades alternativas, novas famílias, sociedades, clubes. Tudo que seja formado a partir de visões semelhantes e valores compatíveis.

Aproveitamento total de potencialidades

> *"Esqueça aquela história de se dedicar ao que você gosta. Você tem é que se dedicar aos seus talentos, ou seja, aquilo que as pessoas percebem que você faz melhor do que os outros."*
> (Waldez Ludwig)

Ao descobrir – no exercício acima – o que o leva para cima e o que o leva para baixo, busque o aproveitamento total das suas potencialidades. Você já sabe qual é o seu combustível de maior rendimento. Use-o a seu favor: você terá muito mais força se otimizá-lo.

Para Cima

Liberdade: se descobrir que a liberdade é muito importante para você, que permite a criação e a livre escolha, desenvolvimento próprio e resultados abertos, possivelmente usou dela para conseguir alguns de seus feitos importantes. Procure direcionar as suas atividades de uma forma que permitam a sua liberdade. Se prazos o incomodam e forem necessários para obter bons resultados, organize seu planejamento com bastante flexibilidade. Priorize as ações pontuais e deixe os caminhos livres para as operações.

Segurança: as escolhas feitas baseadas em segurança são claras e objetivas. Correr riscos é ameaçador e infrutífero? O que você precisa saber para considerar uma decisão segura? Vá atrás de informações, analise os atos e as conseqüências, no curto, médio e longo prazos. Defina suas ações baseadas em informações. A segurança pode ser física, mental ou emocional. Procure seus alicerces – em todas as situações há "pedras de apoio".

Reconhecimento: esse é o valor mais delicado, o que pede mais atenção, pois, se mal administrado, traz frustrações ou pode levar a problemas com a auto-estima. Portanto, o que deve ser trabalhado no desenvolvimento baseado nesse potencial é o reconhecimento do outro. Dessa forma, estará motivado e alegre, de bem consigo mesmo e valorizado.

Incentivo: você realiza quando é incentivado? Busque seus "incentivadores" entre os amigos, família, colegas de trabalho, e compartilhe com eles os seus projetos, suas conquistas.

Desafio: coloque para si prazos e metas justos, que exijam auto-superação, esforço, dedicação e disciplina. Ouse, crie, quebre paradigmas. Avance seus limites e sinta o imenso prazer da conquista.

Para Baixo

Desprezo: esteja atento para as suas expectativas e seus objetivos. Perceba também a atenção que está estendendo aos outros.

Insegurança: desenvolver o conhecimento é a chave para não sofrer mais por isso. Conhecer a si e aos outros promove uma base sólida e segura, eliminando os problemas gerados por limitações impostas e reproduzidas por você mesmo.

Indisciplina: é necessário descobrir o seu próprio ritmo. Convém também averiguar o real interesse das ações cometidas rumo ao objetivo final. Intimamente ligada à motivação, a indisciplina é apenas uma conseqüência de planos mal elaborados.

Procrastinação: "agora resolvo de qualquer maneira, e depois refaço direitinho..."; "agora não estou inspirado..." E o tempo passou, as oportunidades idem. Com certeza, o objetivo final não tem nada a ver com os seus reais interesses, nem com as suas prioridades. Rever o porquê dessas ações nesse momento programado é a melhor solução. Esse quadro também mostra um grande desconhecimento da própria capacidade.

Apego: conseguir libertar-se de algo ou alguém é a conseqüência de uma questão totalmente resolvida, questionada e vivenciada. Deixar de seguir adiante por não conseguir desvencilhar-se de sombras é pura ilusão. Esse não é o real motivo. Possivelmente, a segurança do "conhecido" é uma âncora, uma amarra que nos impede de crescer. Criar, reinventar, desvincular-se de realizações é um talento a ser desenvolvido.

"Estimuladores"

Crie estimuladores, faça disso o exercício principal da realização. Permita que novas situações estimulem seus instintos. Movimente as coisas, não considere nada como "pronto" ou "acabado". Pergunte-se sempre: "O que mais pode ser gerado a partir disso?"

"Derrubadores"

Reconheça e despreze os "derrubadores". Olhe-os de frente: desafie-os. Eles não são mais fortes que a sua vontade. Perseverança e determinação estarão bem alicerçadas se você for claro e transparente com você mesmo, sempre, em qualquer situação.

A LISTA DE PRIORIDADE DE VALORES — ESCAVANDO A PRÓPRIA MINA

O que o faz sentir-se bem? O que o faz sentir-se mal?

É necessário saber exatamente o que é levado em consideração ou usado como critério para descobrir esses sentimentos. Recordações, hábitos, costumes, tradições, tudo isso é levado em conta na hora de selecionar seus critérios de sucesso e felicidade. Ora, ora, se papai sempre disse que era **muito** importante ter dinheiro guardado e eu sou atemporal, o que significa, para mim, guardar dinheiro? Se no meu meio social ou profissional é considerado correto a mulher apresentar-se com sapatos de saltos altos e eu gosto muito de andar ou ficar em pé, como vou resolver o meu traje habitual?

Fatos como esses soam como bobagens? Algo sem importância? São coisas óbvias para você? Então, vamos simplificar: como é que você escolhe maçãs? Pela marca, pelo preço, pelo tamanho, pelo local de produção ou pela cor?

Qual é o meu propósito?

A intenção é um dos critérios de escolha; o propósito, o uso que darei a isso é que vai determinar a minha escolha. Aonde quero chegar com essas maçãs? Satisfazer o meu paladar, ter uma nutrição adequada, alimentar-me com economia, conhecer novos produtos, determinar o que é importante nesse momento. Estou baseando-me em alguma experiência anterior para pensar antes de agir. Normalmente, essas atitudes são mecânicas, mas o fato é que elas mostram claramente o meu jeito de ser.

Um fator que nos dá segurança para decisões é saber que alguém já fez isso e que resultados obteve. Por isso, espelhamo-nos em alguns modelos, ídolos ocasionais e providenciais. Podem ser parentes, amigos, colegas de trabalho, pessoas de destaque na mídia, no mundo cultural ou esportivo, qualquer pessoa. Basta que seja lembrado com reconhecimento e admiração por sua conduta em determinada situação. A lembrança imediata é da atitude que aquela pessoa tem ao colocar-se em momentos semelhantes ao que estamos vivendo. A seguir alguns exemplos.

- **Ídolo 1** — Meu Pai: admiro a habilidade que ele tem em sair de comentários ardilosos, e percebi que faz isso sempre com uma resposta sarcástica. Portanto, posso experimentar esse tipo de resposta e ver como será o resultado. Afinal, as pessoas gostam dele e continuam desafiando-o, obtendo assim respostas para seus questionamentos.

- **Ídolo 2** – Stephen Hawking: admiro a grandiosidade de espírito, de luta, de consciência pelo todo e que, apesar de suas limitadíssimas condições físicas, presenteia-nos com obras maravilhosas e de tão grande importância. A superação das provações físicas provêem da perseverança, da disciplina e da responsabilidade da crença no seu próprio conhecimento. Portanto, eu também serei capaz de realizar o meu trabalho.
- **Ídolo 3** – Prof. Milioni: admiro o seu desprendimento ao doar plenamente o seu conhecimento, incessante e atualizado, em prol do benefício coletivo. O cuidado com a segurança das informações e a sua atenção com cada pessoa, certificando-se sempre de que não restaram dúvidas em relação à informação prestada. Portanto, devo aprender com ele não só a matéria ensinada, mas também a dedicação e a determinação com que conduz o seu trabalho.

A escolha dos meus ídolos já mostra claramente quais são os valores que considero, em importância, forma e aplicabilidade.

Para conseguir chegar próximo dos resultados dos meus ídolos, analiso a minha forma de expressão, ou "que imagem eu vendo"?

Como faço perguntas? E como elaboro respostas?

O DIAMANTE

Cada um de nós é um diamante, que vai sendo lapidado dia após dia, ano após ano. A lapidação é um processo delicado e minucioso, cujo objetivo é trazer à tona toda a beleza da pedra e seu resplendoroso brilho. As pedras mais valiosas são lapidadas por artesãos experientes, pois um corte errado põe tudo a perder. Os iniciantes do ofício também recebem pedras para lapidar, de menor valor, mas de brilho intenso também, pois o diamante por si só já brilha. Para tanto, ele passa por alguns processos quando ainda em terra, que, aliados à sua "massa de origem", vão tornando-o a preciosidade que é. Os principais fatores de alteração química que a pedra sofre são a pressão e o calor intenso. A lapidação é feita de tal modo que em qualquer face que receba luz, refletirá intensamente. Quando esse trabalho não é feito corretamente, a luz não aparece, ou é refletida com desvios. Dependendo de que lado vem essa luz, ele brilha ou não.

Eu Diamante – quais os "beneficiamentos" pelos quais já passei? – aquilo que eu chamo de "acidentes de percurso, atrasos de vôos, baixas, desfalques, além de acréscimos, presentes, surpresas, desafios".

Observando a própria vida, encontramos agruras e alegrias, suaves ou intensas, que chamamos de experiências, e sempre questionamos **por que** e **como** aconteceram, e também dizemos: "Se não tivesse acontecido isso, eu hoje estaria...". Bem, já aconteceu! E, como conseqüência, hoje você é assim. Agora, tudo o que se tem de fazer é perceber cada fato – onde ele tocou, o que alterou, e reconhecer **para que** isso serviu. Aceitar tudo isso como fato consumado e permitir a lapidação.

Em alguns momentos, você caiu nas mãos de lapidadores hábeis, em outras vezes, lapidadores iniciantes, que não sabiam exatamente onde cortar para você brilhar.

Pois bem, de tudo isso se origina a nossa forma de expressão, que foi treinada para a defesa, a proteção. Em um relacionamento interpessoal, qualquer deles, essas lembranças surgirão como "suportes' para a sua expressão. Mas tenha certeza de que seus ídolos ou modelos não passaram pelas mesmas experiências que você, portanto você terá sua própria identidade e seus próprios valores.

Definindo seus valores

No exercício feito anteriormente, você pôde definir o que o move para cima ou para baixo. Você já encontrou alguns valores muito importantes, que sequer conhecia como valores. Ainda há muito a descobrir. O esforço agora é para descobrir o máximo possível de valores que o conduzem, ou seja: o que é importante para você. Temos exigências para seguir o caminho, e cobramos de nós mesmos algumas delas. Mas a forma de descobrir isso é quando estamos com os outros. O que pedimos em um relacionamento; o que consideramos como "promoção" ou "castigo"; o que escolhemos para nos dar de presente; como queremos nos ver daqui a cinco anos; quais expectativas colocamos em um acontecimento (e se colocamos); o que nos deixa de bom ou mau humor; porque alguém entra na nossa lista de "preferidos"; quais as informações que devemos ter sempre à mão; o que considero "lazer" e o que considero "obrigação social"; onde enxergo a beleza; o que é "esforço" e o que é espontâneo. São os fatos do dia-a-dia que me mostrarão o que é importante para mim.

Os nossos valores estarão implícitos naquilo que nos deixa bem.

Cada faceta do meu diamante é uma verdade minha.

Capítulo 4

VALORES, COMPETÊNCIA, COMUNICAÇÃO

Algumas modalidades de treinamentos ensinam os funcionários a serem atores, não despertam a essência das pessoas. Aí vira adestramento. Igual no circo: vamos fazer desta forma para agradar ao público... Certa vez, treinei uma equipe durante 40 dias, mexendo apenas com os seus valores. Seus resultados vieram logo após eu ter sido despedida por não ter atingido as metas (uma semana depois elas foram atingidas pela equipe). Quando voltei à empresa para receber, o dono me disse: "Viu só, foi só você sair e elas conseguiram os resultados projetados". Eu retruquei: "Claro, trouxeram toda a sua essência (que foi despertada) para fora e utilizaram". Resposta do sujeito: "Quanta prepotência, quem você pensa que é?" "O interessante é que elas estão funcionando muito bem até hoje, sem nunca mais terem tido qualquer tipo de treinamento...".

PERFEIÇÃO X MAESTRIA

"Não precisa ser perfeita, basta ser Bandeirante."

Escutei essa frase quando fui convidada a fazer a minha promessa Bandeirante e protelei. O Movimento Bandeirante é conduzido por um código de valores criado há 100 anos e praticado até hoje (valores não saem de moda!). Para efetivamente ser reconhecido como um bandeirante, é necessário reconhecer, aceitar e ser coerente com os valores do Movimento, e assim participar da cerimônia de promessa. Apenas isso. Em nenhum momento é falado, cobrado ou exigido que você seja perfeito ou impecável. Somos humanos, em estado constante de desenvolvimento, e aprendemos com as experiências vividas, certas ou erradas, e assim discernir o que é coerente. Achei que não estava pronta, pois muito havia ainda a descobrir, a consertar e a construir. Mas, naquele momento, entendi porque chama-se "movimento" – porque tudo está em constante mutação, nós também!

Posso ser como eu quiser, desde que não violente o "meu código de valores", e também àqueles aos quais me propus servir. A própria proposta já nasce de algum tipo de identificação: de valores!

Perfeição? Não, Maestria!

Reproduzo a seguir uma excelente explicação sobre Maestria, citada na introdução do livro *Maestria*, de George Leonard.

"Comece com alguma coisa simples. Experimente tocar a testa com a mão. Bem, isso é fácil, automático. Nada de mais. Mas houve um tempo em que você estava tão afastado do domínio dessa simples arte quanto o sujeito que não sabe tocar piano está afastado da execução de uma sonata de Beethoven.

Primeiro, você teve de aprender a controlar os movimentos das mãos (você não passava de um nenenzinho nessa ocasião) e, de um jeito ou de outro, teve de aprender a movimentá-las para onde queria. Teve de desenvolver uma espécie de *imagem* cinestésica do corpo, a fim de poder conhecer a relação existente entre a testa e outras partes do corpo. Teve de aprender a comparar essa imagem com a imagem visual do corpo de um adulto. Teve de aprender a arremedar os gestos de sua mãe. Tarefa importante, não se iluda. E ainda nem falamos na questão da língua – aprender a decifrar sons modelados como palavras e ajustá-las aos nossos atos.

Só depois de tudo isso você pôde participar do jogo do aprendizado que os pais, em toda a parte, jogam com os filhos: 'Onde está o seu nariz? Onde estão suas orelhas? Onde está a sua testa?'. Como acontece com toda aprendizagem importante, essa não se deu em linha reta, mas em etapas: breves arrancos de progresso separados por períodos durante os quais você tinha a impressão de não estar indo a parte alguma.

Mesmo assim, você aprendeu uma arte essencial. E o que é mais importante, aprendeu a aprender. Começou com uma coisa difícil e tornou-a fácil e agradável através da instrução e da prática. Você iniciou uma jornada de mestre. E se foi capaz de aprender a tocar a testa, poderá aprender a executar uma sonata de Beethoven, dirigir um avião a jato, ser um administrador melhor ou aprimorar seus relacionamentos. Nossa sociedade atual trabalha de inúmeras maneiras para nos desencaminhar, mas o caminho da maestria está sempre lá, à nossa espera.

...é uma jornada, que está ao alcance de quem quer que esteja disposto a entrar no caminho e a permanecer nele, independentemente da idade, do sexo ou da experiência anterior.

A dificuldade está no fato de que temos poucos mapas, se é que temos algum, para guiar-nos na jornada ou até para mostrar-nos como encontrar o caminho. O mundo moderno, com efeito, pode ser visto como uma prodigiosa conspiração contra a maestria. Somos continuamente bombardeados com promessas de satisfação imediata, sucesso instantâneo e alívio rápido e temporário, que nos levam exatamente na direção errada. Mais tarde, daremos uma olhada na mentalidade imediatista, antimaestria, que impregna nossa sociedade, e veremos como ela não só nos impede de desenvolver nossas capacidades latentes, mas também nos ameaça a saúde, a educação, a carreira, as relações e talvez até a viabilidade econômica nacional."

O "mapa" da sua jornada é você quem faz, colecionando seus conceitos, suas conclusões e seus aprendizados. Para você seguir pelo seu caminho, é preciso antes de tudo reconhecê-lo, como também aos recursos de que dispõe para a jornada.

A busca da maestria implica determinar quais são os critérios da qualidade total. O que é qualidade total para você? Será tudo aquilo que seja Importante, Verdadeiro, Agradável, Espontâneo e Belo. Para você. Só para você. Esse será o seu critério de qualidade total.

ENERGIAS E COMPETÊNCIA

Toda a Natureza, e o ser humano como parte dela, contém as essências feminina e masculina. Isso é traduzido de várias formas, e a mais conhecida é o princípio do Yin e Yang.

Conforme a teoria apresentada por B. Auteroche e P. Navailh, no seu livro *O Diagnóstico na Medicina Chinesa*, considera-se o mundo como um todo e esse todo é o resultado da unidade contraditória dos dois princípios: o Yin e o Yang. Todos os fenômenos do universo encerram os dois aspectos opostos do Yin e do Yang, como o dia e a noite, o tempo claro e o tempo sombrio, o calor e o frio, a atividade e o repouso. Tudo é constituído pelo movimento e a transformação dos dois aspectos Yin e Yang. Segundo a teoria, essa antítese encontra-se em qualquer manifestação, e se expressa principalmente por um condicionamento em uma oposição mútuos. É sempre pela oposição que um dos dois aspectos tem um efeito de condicionamento sobre o outro aspecto. Porém, sua oposição cria um equilíbrio dinâmico e origina o desenvolvimento e a transformação dos objetos.

A relação recíproca que liga intimamente o Yin e o Yang faz com que não se possa separar um princípio do outro e que nenhum dos dois possa existir separadamente. O Yin determina a matéria, portanto, a substância, o que está no interior. O Yang é a função, o que se manifesta exteriormente. O Yin é a base material da capacidade de funcionar, é a esse título que é o sustentador do Yang. O Yang é a manifestação, no exterior, do movimento da matéria interna, de onde ser chamado o enviado do Yin.

Isso explica também a possibilidade para cada aspecto de se transformar no aspecto que lhe é contrário, ou de se transportar para a situação que ocupa o aspecto oposto.

Tudo o que corresponde a uma ação é Yang. Tudo o que corresponde à substância é Yin.

Traçando um paralelo entre as essências feminina e masculina, podemos dizer que a masculina é a ação – a caça desenfreada, a qualquer custo; a feminina é a consciência pela preservação. Interagindo, trazem o equilíbrio de resultados.

Portanto, além de conhecer os seus valores e potenciais, é necessário conhecer também esse recurso que nos permite utilizar uma ou outra energia, reconhecê-las e mantê-las em equilíbrio. É um excelente recurso no desenvolvimento de critérios, pois, se não houver o alto e o baixo, como saberemos dizer o que é alto e o que é baixo? Assim como podemos clarear o escuro ou escurecer o claro. Saber dosar essas energias, permite-nos aliviar ou acirrar um conflito, uma discussão, um problema ou uma reação.

Comunicação

Os relacionamentos são o campo de toda manifestação de comunicação, e o que vai direcionar o resultado da comunicação são os seguintes fatores: a intenção do resultado, o peso (importância) dos resultados e das consequências, o interesse pela informação e o desprendimento (não julgamento) em relação á reação ou à resposta.

> *"Antes de ser excelente por fora, você precisa ser excelente por dentro."*
> (Provérbio Chinês)

Onde é que os valores interferem quando falamos em comunicação?

Dependendo dos seus sentimentos em relação ao assunto que envolve a comunicação é que virão os resultados. Intimamente ligados ao grau de importância daquele ato, os valores podem conseguir eficiência em qualquer sistema de comunicação que seja utilizado.

A comunicação de alguém cujo valor no ato seja o reconhecimento transmitirá e receberá seriedade e justiça na informação.

Aquela cujo interlocutor preocupe-se com conhecimento será confiável e aberta, permitindo acréscimo de informações.

O respeito na comunicação gera o verdadeiro diálogo, seja escrito, falado, seja por imagens – vivas ou estáticas.

Baseando-se a informação na disciplina, surgirão retornos certos e precisos.

O foco manterá a comunicação fechada, sem dispersão.

Valores, poder e resultados

A integração permitirá manter o peso e o valor de cada informação trocada.

A sustentabilidade promoverá uma comunicação longa e definitiva, e, quando o valor for consideração, todas as colocações serão atentamente analisadas.

Assim como esses, vários outros, valores podem pontuar uma comunicação como, por exemplo, o interesse, o poder, a vaidade, a exposição etc. Portanto, prestar atenção na intenção (às vezes velada) tanto na hora de comunicar como na de receber informações é fundamental para o resultado.

Com esse cuidado, podem-se transformar conflitos, dúvidas e pode-se até incentivar o outro a buscar seu potencial.

Lembrando que Valores são aquilo que conduz – nas escolhas de interesses, amizades, profissão, passatempos, relacionamentos, aprendizados, etc., saberemos usar a comunicação de forma otimizada, pois as pessoas expressam seus valores de imediato – na comunicação verbal, corporal, gestual, etérea; no desprendimento de energia, de todas as formas. Suas ações e palavras refletem seus sentimentos e a necessidade de desenvolver valores que sabe que são importantes, mas não encontram respaldo nas suas realizações. É papel de cada um de nós sempre, sempre, sempre, prestar atenção no outro com quem mantemos algum tipo de relação, pois a competência de saber otimizar todo e qualquer evento é a conseqüência de saber aproveitar todo o potencial de que o outro dispõe, mesmo que ele não conheça seu próprio valor. Isso fortalece as relações humanas e os objetivos universais de paz e desenvolvimento.

O verdadeiro diálogo é a base para os resultados, e a manipulação é (e pode ser), utilizada para positivar qualquer comunicação. Por outro lado, deve-se prestar atenção na manipulação negativa, a que induz o outro a fazer o que alguém determinou como certo, sem consentimento e desrespeitando a liberdade do outro. Nesse caso, torna-se um "vampirismo energético", onde colocamos o outro a nosso favor e serviço. Podemos ser vítimas ou algozes, pois também nos expomos em um diálogo. Em ambos os casos, serão os valores que determinarão o direcionamento e os resultados.

Capítulo 5

APLICABILIDADE
OU, A PRÁTICA NO RECONHECIMENTO E UTILIZAÇÃO DOS VALORES

MEXENDO COM OS VALOERS

"Quer enfurecer alguém? Mexa com os seus valores."

Certa ocasião, eu estava trabalhando em uma empresa e tinha certa autonomia. Porém, quando apresentava os projetos, que haviam sido discutidos e trabalhados para implantação, o empresário barrava. Barrava e "acabava" comigo, instantaneamente. Até o dia em que uma funcionária me disse: "Não mexa no sonho dele, e sim no bolso: você conseguirá resultados".

Essa frase me levou a uma reflexão profunda: eu não tinha me dado conta dos valores desse homem – conseqüentemente, não os estava respeitando. Achei melhor sair, pois descobri, após reconhecê-los, que eles não "batiam" com os meus. Não era a minha forma de trabalhar, e não era errada: apenas não era A MINHA FORMA.

Quantas vezes já ouvimos falar: "Ele só pensa em dinheiro...", "Ela só pensa em namorar...", "Ele só pensa nos outros", "Ele não leva nada a sério, está sempre brincando", "Ela deve ser hipocondríaca, toma remédios para qualquer coisa...", "Dá milho que ele gosta de ciscar...", "Fulano é teimoso...".

E aí rotulamos as pessoas e passamos a tratá-las da forma que concluímos que elas sejam. O engraçado é que, quando fazemos isso, acabamos incentivando essa postura. A leitura inconsciente que o outro faz é de que você reconheceu "onde pega", ou seja, como mexer com ele, como estimulá-lo. Isso é muito positivo.

Nesses rótulos, fica bem clara a visão dos valores de cada um, mas não como valores, e sim características. Por exemplo: este que é citado como "Ele só pensa em dinheiro" tem claramente como principal valor a segurança financeira, que para ele é o açulo de fortuna. No segundo exemplos, "Ela só pensa em namorar", o principal valor é a aceitação, seguidos de reconhecimento, compartilhar, e outros. Quantas vezes somos criticados por pensar mais nos outros e esquecermos de nós? Isso significa que o nosso principal valor é a solidariedade. Já as pessoas que "não levam nada a sério" entendem que a vida deve ser levada com bom humor, independente do grau de dificuldade. Assim acontece também com os outros exemplos, todos eles "acobertando" os valores.

O maior problema desses rótulos é que nós temos por impulso rotular as pessoas, julgar suas atitudes pura e simplesmente, sem prestar atenção no que elas contêm, às vezes até discriminando. Somos treinados para reagir, e não para agir. À medida que aprendemos a fazer a leitura correta das atitudes e dos sinais que os outros nos mandam, passamos a entendê-los, a valorizá-los como são e a incentivá-los a usar seus potenciais.

A auto avaliação nessa mesma linha é saudável e necessária, pois é um excelente caminho para o autoconhecimento e para a descoberta dos próprios valores.

Conheço um grande mestre em valores, que ministra suas palestras de meias grossas e sandálias, e à primeira vista é tido como excêntrico. Na verdade, o seu maior valor é o conforto, que supera tudo o que seria mais importante para os outros, a ponto de não conseguir ser produtivo se for necessário apresentar-se com calçados fechados. Assim também acontece com as mulheres que passam a maior parte de seu tempo cuidando de sua estética, fazendo constantes modificações em sua imagem: são consideradas fúteis, porém para elas isso é vital, e deve ser direcionado para algo produtivo, como, por exemplo, a carreira de modelos ou musas, pois sua vaidade e cuidados pessoais torna-se-iam matéria-prima para a produção do belo, do estético. As pessoas gostam de ver coisas bonitas, bem produzidas: também para isso existe um campo de contribuição para a felicidade do todo.

Outra característica interessante quando se mexe conscientemente com valores: só se consegue resultados positivos, para todos os envolvidos.

Mexer com valores serve para: incentivar, desafiar, conscientizar, comprometer, analisar, levantar, abaixar, agregar, afastar, determinar, e orientar e descobrir uma infinidade de possibilidades.

COMO FUNCIONA NA PRÁTICA

Se não trabalharmos para desenvolver os valores humanos, comprometeremos a nossa felicidade. Por quê?

Porque os valores humanos são inquestionáveis e, se ignoramos essa verdade, dificilmente nos ajustaremos com a felicidade, a conquista, o sucesso e a realização pessoal.

"Para que serve isso no meu dia-a-dia, se cada pessoa tem os seus valores e seus propósitos? Cada um tem suas oportunidades, seu cenário e seus recursos. Terei que me preocupar constantemente com isso?

Valores X benefícios (o Bem é um valor...).

Todos nós buscamos benefícios, independente da prioridade que isso exerce nas nossas vidas. É natural, espontâneo e independe da nossa índole e do nosso caráter. O ser humano de alta qualidade busca melhorar em tudo; o ser humano de baixa qualidade também busca melhorar em tudo! A boa pessoa busca como otimizar seu tempo e seus recursos para compartilhar mais e melhor. A má pessoa busca como otimizar seu tempo e seus recursos para lesar mais e melhor.

É prioritário sabermos quais serão os nossos critérios para entender o que é um benefício e o aceitarmos como tal. Será um benefício se estiver compatível com o que eu acredito, quero e acho importante, e colaborar para a realização dos meus objetivos, mesmo que não seja pelo caminho que idealizei. Quando eu tenho plena consciência de quais são os meus valores, isso é internalizado e passa a fazer parte das minhas atitudes. Valores são desenvolvidos. É aqui que tenho que trabalhar a minha auto-imagem, a auto-ilusão (expectativa) e a autolimitação (bloqueios).

Desenvolver: *fazer crescer ou medrar; cultivar, aumentar as faculdades intelec-tuais de; expor, ampliando; representar em um plano todos os lados de uma construção; aumentar, propagar, fazer progredir, incrementar; tirar de invólucro; tirar a timidez, o acanhamento a; dar origem a. Apresentar um aumento, melhoramento ou bom funcionamento. Crescer, aumentar; estender-se, prolongar-se; propagar-se; progredir.*

Valores X Atitudes

Atitudes são a forma como eu exponho os meus valores, e são ensinadas. Nas atitudes, aparecem claramente as influências que trazemos de Herança genética – usos e costumes familiares, incluindo crenças e vícios de comportamento; Memória celular – o pedacinho do universo que contemos em nossas células, e que não é visível, nem mensurável; Educação que recebemos – formal e informal, proveniente da escola e dos grupos que freqüentamos; padrões de comportamento – mecanismos de defesa que criamos para administrar os estímulos externos.

Ensinar: *dar, ministrar os preceitos de uma ciência, de uma arte etc.; instruir, lecionar; doutrinar; tornar destro (tornar fácil; pôr à disposição ou ao alcance de; auxiliar, facultar; dar facilidades; confiar. Prontificar-se, estar disposto); amestrar; esclarecer; admoestar, repreender, corrigir, castigar.*

Valores X Virtudes

Virtudes são treinadas – bons hábitos se transformam em virtudes. Portanto, as virtudes são conseqüências das minhas atitudes conscientes e desenvolvidas de forma bem direcionada, e mostram traços de minha personalidade. Englobam também as habilidades (aprendidas), o conhecimento sabedoria), a capacidade (poder fazer), as qualidades (talentos naturais) e as competências (potenciais treinados).

Temperamento + educação = caráter.

Caráter + educação = personalidade.

Treinar: adestrar; acostumar; exercitar para se tornar ágil.

Valores X Resultados

À medida que desenvolvemos os nossos valores, vamos criando conceitos que são os nossos critérios de seleção de caminhos e formas de expressão.

Os conceitos como estão aqui citados são a definição da parte prática dos valores, as "pedras" de apoio nas tomadas de decisões. As pessoas gravam a nossa imagem e nosso perfil pelos conceitos que divulgamos. Portanto, ficaremos alinhados com outra pessoa ao encontrarmos pontos de apoio semelhantes em essência. Esse mesmo critério é utilizado para seleção de colaboradores nas empresas. Em primeira instância, são escolhidos os candidatos que demonstram conceitos semelhantes aos das organizações. O mesmo deve ser feito pelos candidatos, ao selecionarem propostas de emprego.

Dizer que isso é fácil ou difícil não seria a forma correta de expressão. A definição que traz resultados seria assimilar ou aceitar. Quando assimilamos os conceitos do outro, seja de pessoas, seja de organizações, a produtividade surge espontaneamente. Quando aceitamos os conceitos do outro, estamos permitindo compartilhar os conceitos de um e outro, visando à produtividade e aos resultados.

Conflitos surgirão sempre: de idéias, de valores, de atitudes. Mas, se a opção foi de aceitar, eliminamos a hipótese de culpar o outro dos desajustes; caso contrário, estaremos praticando o não reconhecimento dos valores alheios: o que os outros não fazem? e eu, mudo quanto?

Há também que se levar em conta o processo de ação X reação. Se estou objetivando um bom resultado e a reação for diferente, deve ser analisado o efeito da minha ação, e não o porquê da reação do outro. Acreditar em um bom resultado é sentir o bom resultado, independente de gráficos, planejamentos ou acordos. Algo como reconhecer, assumir e agir, sem enganar a si mesmo.

PARTE 3
Valores que Decidem

PERCEBER
Percebo algo.
Percebo que algo não está bem acomodado.
Percebo que está pegando em alguma coisa?
Logo percebo onde dói.

Capítulo 1

SUAS DECISÕES

Você escolhe onde estar.
Você escolhe como agir.
Você escolhe o que dizer.
Você escolhe o que fazer.
Você escolhe com quem ficar.
Você escolhe em que se concentrar.
Você escolhe em que acreditar.
Você escolhe quando estar presente.
Você escolhe quando resistir.
Você escolhe em quem confiar.
Você escolhe quem evitar.
Você escolhe quais comportamentos adotar em reação a quais estímulos.
Você escolhe o que dizer para você mesmo sobre: eu; outros; riscos; necessidades; direitos.

Quando você escolhe o comportamento, elege as conseqüências. Não existem culpados, existe responsabilidade. Essa é toda sua. Se você procurar as causas dos seus problemas em outras pessoas, nunca as encontrará, porque elas não estão ali. Estão em você mesmo. Reconheça que fez as escolhas e se comprometeu com comportamentos e, por conseguinte, você, e só você, é responsável pelos resultados. Aqui estando como adulto, você, e somente você, pode escolher sua reação aos eventos do começo de sua vida. Aqui e agora. O passado acabou e o futuro ainda não aconteceu!

Suas idéias são comportamento também. A escolha das idéias contribui para suas experiências, porque quando você escolhe suas idéias, escolhe as conseqüências que estão associadas a elas. Se você escolhe idéias que o rebaixam e o depreciam, escolhe, então, as conseqüências de uma baixa auto-estima e baixa autoconfiança. Se você escolhe idéias contaminadas pelo ódio e amargura, você criará uma experiência de alienação, isolamento e hostilidade. Pôr a culpa nos outros é coisa de perdedor! O Dr. Victor Frankl criou o princípio de que "somente conhecemos e vivemos a vida através do significado ou da importância das percepções que atribuímos a ela".

A abertura deste capítulo é trecho de um livro do Dr. Phillip C. McGraw, e mostra claramente a importância de se conhecer muito bem, assim como os seus valores. As suas decisões e escolhas partirão dos seus princípios, pois cada um tem os seus, e responsabilidade significa simplesmente que você esteve no comando – apenas o que você fez ou permitiu que fosse feito, seja o que for que tenha levado ao resultado. Não adianta também pedir conselhos e segui-los à risca. Os significados que você atribui àquilo que acontece em sua vida são somente seus, e mexem com os **seus** valores. Encontramos com dezenas de pessoas durante o dia, mas estamos conosco o dia todo. As reações são as nossas, com todas aquelas pessoas. Aproveite somente o que serve de tudo que escutar, aquilo que se alinha com os seus conceitos.

Vontade – Motivação – Realização

A vontade é um motivo para realizar algo. De onde vem a vontade? Pode vir do seu propósito ou como reação a algum fator da sua formação. Freqüentemente, surgirá como resposta a um estímulo que a vida lhe propôs, como também poderá ser uma desforra a um desafio que você encarou como erro de percurso. Por exemplo: alguém que passou fome e dificuldades e recebe oportunidades terá essas tristes lembranças como motivação para lutar. Bem, essa pessoa acha que a amarga lembrança é que a motiva a lutar, quando na verdade o verdadeiro motivo é o valor da segurança de infra-estrutura que a leva a essa luta.

Outro exemplo: uma pessoa que esteja muito acima do seu peso, mas gosta de reconhecimento, de amigos, de coisas bonitas e alegres, criará sempre programas e festivas reuniões em volta de uma mesa farta, com novidades a cada vez. Não aceitará de bom grado um convite para um alegre piquenique com toda a sua turma, antecedendo um lindo passeio a pé pelos jardins. O motivo certamente não será a dificuldade de acompanhar o ritmo, mas sim o valor do conforto, que pontua a sua vida.

Dessa forma, fica mais claro entender as origens e as conseqüências de seus encontros (eventos) e decisões – quanto, como e por que estão diretamente ligados aos seus valores.

Há também de se acrescentar que o grau de desenvolvimento dos valores está ligado à intensidade de amarras às crenças, aos traumas e aos paradigmas, naturais ou conseqüentes de acontecimentos de infância ou adolescência. Interferem, e muito, as condutas dos meios em que vivemos – família, sociedade, religião. Somente pelo exercício do experimento – tentativa/erro, tentativa/acerto – ao longo de nossa vida é que vamos desenhando e formando nosso caráter, que, aliado aos nossos valores, determina as nossas decisões.

ALGUNS EXEMPLOS PRÁTICOS

Caso 1 – Como serão as decisões nestas situações sugeridas

- Pessoa que tem como valor principal a **economia**

  Saúde – todas as suas ações e atitudes terão como meta a prevenção de acidentes e de doenças.

  Trabalho – utilizará apenas os recursos disponíveis para atingir os resultados.

  Dívidas ou pagamentos – rigorosamente em dia, com o maior desconto possível, dando prioridade aos que evitem problemas futuros.

  Investimentos – dará preferência aos produtos de longa duração e qualidade.

  No volante, trânsito – usará horário e trajetos sem engarrafamentos, assim como a velocidade adequada para cada situação, equilibrando o consumo de combustível com o tempo necessário.

  Lazer – por exemplo: jogo de cartas – abrirá seus jogos aos poucos e guardará seus curingas para o final.

  Namoro – escolherá pessoas do mesmo nível socioeconômico que o seu, que sejam produtivas, atentas e responsáveis.

  Estética – decoração, moda, beleza – suas escolhas serão pela funcionalidade e utilidade.

- Pessoa que tem como valor principal a **saúde**.

  Saúde – cumprirá horários reservados para a alimentação e balanceará o seu cardápio, assim como cuidará atentamente da qualidade do que consome, em todos os sentidos, sem esquecer do *check-up* anual no mês de seu aniversário.

  Trabalho – avaliará e controlará seus horários e períodos, assim como as suas reações e energias dispensadas para as realizações.

  Dívidas ou pagamentos – em primeiro lugar, planos de saúde, alimentação e viajem de férias. Depois, remédios, clube, despesas fixas de moradia. Dívidas inexistentes, pois podem causar infartos e estresse.

  Investimentos – planos de previdência privada, imóvel para lazer, carros seguros e confortáveis.

No volante, trânsito – olhará atentamente para os lados e sinalizará todos os movimentos. Vidros fechados e portas trancadas; ar-condicionado; respeito absoluto aos semáforos e à sinalização; atenção aos buracos na rua.

Lazer – por exemplo: jogo de cartas – não jogará cartas, praticará esportes.

Namoro – sem pressa, com todos os cuidados recomendados de prevenção a doenças, horários de encontro baseados no seu sono e na alimentação; programas saudáveis e arejados.

Estética – decoração, moda, beleza – o que for fácil de limpar, sem risco de alergias, que tragam conforto e bem-estar.

- Pessoa que tem como valor principal a **liberdade**.

    Saúde – "hoje estou bem, amanhã é outro dia. Vamos aproveitar a vida".

    Trabalho – autônomos ou trabalho por contratos predefinidos e atemporais; grandes projetos, novidades e lançamentos.

    Dívidas ou pagamentos – o que der, no dia que der; primeiro o que não lhe pressione, depois o que não comprometa sua relações.

    Investimentos – sistemas de comunicação a distância, controles remotos, viagens exóticas, carros versáteis, moradia em locais seguros e práticos.

    No volante, trânsito – estaciona na rua, não é necessário usar o pisca-pisca sempre, buzina é necessidade, som de boa qualidade, passa no amarelo (semáforo); tanto faz o caminho, o importante é chegar.

    Lazer – por exemplo: jogo de cartas – jogos individuais, a parceria "prende"; não importa o jogo do adversário.

    Namoro – sem animais domésticos, horários, compromissos ou cobranças.

    Estética – decoração, moda, beleza – usa só o que gosta, não importa o valor ou a conveniência.

- Pessoa que tem como valor principal a **soberba**.

    Saúde – o melhor plano de saúde, a comida feita especialmente para ela, a gripe mais forte, a cirurgia mais complicada, a doença mais rara.

    Trabalho – só de chefe para cima; a melhor empresa; o melhor sistema de trabalho; o rendimento mais diferenciado; trabalho ou horário especial, só se for bem remunerado.

    Dívidas ou pagamentos – diz que não deixa nada pendente; paga tudo adiantado; tudo em um dia só; só se valer a pena.

Investimentos – tudo que deixe melhor do que os outros, seja lá quem for o outro.

No volante, trânsito – dá fechadas freqüentemente, passa antes no cruzamento, finge que não viu alguém pedir passagem, lava o carro toda semana, é rigorosa com as leis mais novas; é a primeira a adotar os novos caminhos.

Lazer – por exemplo: jogo de cartas – "não vêm as cartas que eu preciso, hoje estou sem sorte, a minha canastra é real, bate primeiro".

Namoro – o parceiro mais bonito do lugar, a melhor companhia do mundo, muita atenção e cuidados.

Estética – decoração, moda, beleza – ninguém tem igual.

- Pessoa que tem como valor principal a **família**.

    Saúde – um cuida da saúde do outro.

    Trabalho – próximo de casa e liberdade para atender a chamados urgentes; que cubra as necessidades da família.

    Dívidas ou pagamentos – as que beneficiem a todos, ou não tragam problemas para nenhum dos membros, em primeiro lugar.

    Investimentos – coletivos e duradouros.

    No volante, trânsito – deslizes são perdoáveis se a causa for justa.

    Lazer – por exemplo: jogo de cartas – não agrega valor.

    Namoro – seriedade, respeito e satisfação.

    Estética – decoração, moda, beleza – que seja conveniente e de acordo com as ocasiões e as necessidades.

- Pessoa que tem como valor principal o ***status***.

    Saúde – impecavelmente controlada.

    Trabalho – que traga reconhecimento social, que seja diferenciado e atual.

    Dívidas ou pagamentos – "não estou bem a par, isso são coisas corriqueiras".

    Investimentos – no exterior; produtos importados; inusitados.

    No volante, trânsito – segue as regras impecavelmente, anunciando isso aos quatro ventos, ostensivamente.

    Lazer – por exemplo: jogo de cartas – "isto está em voga? como é o ambiente?"

    Namoro – sempre impecável, bom enquanto dure.

Estética – decoração, moda, beleza – os últimos lançamentos e novidades; não precisa ser duradouro.

- Pessoa que tem com valor principal a **paz**.

    Saúde – respiração correta, muito ar livre, alimentos leves e coloridos, naturais; esportes cooperativos, conversas tranqüilas, olho no olho.

    Trabalho – que traga benefícios, todos; abre mão de horários em prol de uma boa causa; sua equipe sempre trabalhará alinhada, com resultados duradouros; sustentabilidade.

    Dívidas ou pagamentos – acordos, tudo é importante e merece a mesma atenção; respeito a datas e valores.

    Investimentos – estabilidade, segurança, aposentadoria, ajuda à comunidade e a quem precisar.

    No volante, trânsito – sem estresse, dando passagem quando solicitada, anda quarteirões a mais para não criar problemas.

    Lazer – por exemplo: jogo de cartas – presta atenção na postura dos outros jogadores, e conduz o jogo com bom humor.

    Namoro – tolerância, compreensão, novidades, compartilhar.

    Estética – decoração, moda, beleza – cores claras, de acordo com o tempo e a ocasião.

- Pessoa que tem como valor principal o **poder**.

    Saúde – energéticos, vitaminas, fartura, valoriza o trabalho com agente de saúde, exercícios e boa forma física.

    Trabalho – disciplina, ordem, organização, desafios, resultados, luta por posições de comando.

    Dívidas ou pagamentos – sem dívida, com folga em tempo e valores, sabe negociar.

    Investimentos – visando solidez para o futuro, qualidade e exuberância.

    No volante, trânsito – chega primeiro, respeita para não perder os direitos, sinaliza e vai.

    Lazer – por exemplo: jogo de cartas – aproveitamento total das oportunidades, escolhe parceiros fracos, comanda o jogo.

    Namoro – procura alguém submisso, adora desafios, detesta surpresas, chama a atenção e gosta de exuberância.

    Estética – decoração, moda, beleza – objetos grandes, bem definidos, marcas em destaque, inclusive a postura.

Valores, poder e resultados

- Pessoa que tem como valor principal a **segurança**.

  Saúde – não corre riscos alimentares ou esportivos; cuida da higiene local e pessoal; faz prevenção e avaliação constantemente.

  Trabalho – trabalha em cima de planejamentos, garante duas ou três alternativas, cria e desenvolve bons relacionamentos no trabalho; certifica e documenta tudo.

  Dívidas ou pagamentos – controle rígido, principalmente no que diz respeito à infra-estrutura; não corre riscos; compra se tiver recursos.

  Investimentos – poupança, aplicações legais e documentadas, de liquidez imediata; imóveis.

  No volante, trânsito – revisão constante no veículo, avisa os órgãos responsáveis quando encontra problemas, respeita as informações e a sinalização; avisa a tempo.

  Lazer – por exemplo: jogo de cartas – depende do ambiente, local e horário; reflete enquanto joga; analisa os parceiros.

  Namoro – pessoas conhecidas ou referenciadas, assim como os programas; grava todas as informações; boa memória; não dá muita informação.

  Estética – decoração, moda, beleza – qualidade; preocupa-se com a garantia dos produtos ou de serviços.

- Pessoa que tem como valor principal a **amizade**.

  Saúde – troca de receitas, remédios, alegria, bom humor, suporte emocional sempre disponível para dar ou receber.

  Trabalho – permanece muito tempo na mesma organização, e quando sai abre seu próprio negócio; é participativa e colaboradora; atende a solicitações, ouve conselhos e direcionamentos; veste a camisa e divulga suas atividades.

  Dívidas ou pagamentos – primeiro o que é de direito; contesta juros ou valores inadequados; cria vínculos com os credores; amortiza aos poucos.

  Investimentos – casa de veraneio grande, simples e próxima de sua cidade de origem; oportunidades; compras no atacado; reserva sempre disponível.

  No volante, trânsito – dá caronas "oficiais", conversa com os vizinhos de trânsito, escuta o noticiário, anota telefones de lugares interessantes que encontra pelo caminho, dirige distraída.

  Lazer – por exemplo: jogo de cartas – cria campeonatos e rodízios, pede e paga a "pizza", anota a contagem de pontos. O jogo? tanto faz...

Namoro – não briga com ninguém, mantém as portas abertas, busca alguém que seja companhia, integra imediatamente as pessoas novas, tem interesse em conhecer o meio social do parceiro.

Estética – decoração, moda, beleza – coisas que possam ser compartilhadas.

Caso 2 – Perfeccionismo, economia, praticidade e criatividade

Quatro amigas preparando um jantar. Cada uma com um valor principal.

JULIANA – a perfeccionista: precisa sempre certificar-se de que tudo sairá perfeito, cada coisa rigorosamente em seu devido lugar. Acaba fazendo ela mesma todo o serviço, para não ter dúvidas. Faz tudo ao mesmo tempo, e não se esquece de nenhum detalhe. O problema é quando aparece um candidato a namorado: será que esse é perfeito?

EVELI – a criativa: o jantar será sempre uma surpresa: pratos inusitados, arranjados de modo irreverente, com decoração mista, sem nenhum parâmetro em relação a tempo ou espaço. Os resultados geralmente agradam a todos os convidados, mas nunca a deixam satisfeita, há sempre uma dúvida. Diverte-se muito quando é convidada a participar de alguma reunião onde existem regras a serem seguidas.

SUZY – a prática: nenhum problema, nunca – compramos tudo pronto, contratamos alguém para fazer todo o serviço, consultamos alguma revista da semana para escolher a decoração da moda, e pronto. Música? Ora, cada um vai lá e coloca o que quiser, e também come o que quiser, na hora que tiver vontade. Afinal, está tudo lá, é só pegar. Sente-se em apuros quando é necessário homenagear alguém, seja com presentes, seja com palavras.

VERA – a econômica: gasta muito mais tempo no planejamento que na execução. Os pratos, evidentemente, serão preparados com produtos da época, a decoração e a montagem de tudo transformam o local em uma fábrica – uma verdadeira linha de produção. A grande dificuldade é lidar com os excessos: de gente, de tempo, de coisas, de lixo acumulado, de palavras, de manias, de fofocas...

Todos os exemplos citados parecem coisas banais e inúteis, mas mostram claramente como são formados os condicionamentos. "Automatizamos" algumas ações sem nos dar conta disso, e estendemos esse condicionamento para as nossas decisões, inconscientemente. Os exemplos do Caso 2 ainda deixam nítidos os pontos de atenção e desenvolvimento, para melhorar a qualidade dos relacionamentos, acordos e critérios de escolha.

Valores, poder e resultados

"Aqueles que exclusivamente se 'movem em direção a' podem tomar decisões ingênuas e potencialmente arriscadas. Aqueles que somente se 'movem se afastando de' podem parecer muito pessimistas ou 'paranóicos'. Boas decisões e planos geralmente envolvem combinação de ambos."

(Autor desconhecido)

Como Ken (O'Donnell) descreveu tão claramente, em um de seus cursos:

Ser eficiente é fazer corretamente.

Ser eficaz é fazer o correto.

Ser efetivo é fazer o correto corretamente.

É preciso verificar todas as influências na hora da decisão. Entender a razão e cada uma. Todas aquelas que não conduzirem para o meu próximo passo são desperdício. Todas aquelas que não contribuírem para a realização do meu propósito serão perda de tempo e ainda terei que administrar as suas conseqüências. Posso perfeitamente ser como sou, e realizar tudo o que planejei como objetivos de vida, independentemente das minhas características.

"Como você certamente pôde perceber, de fato tomamos decisões para longo, médio e curto prazos e ainda para aquele futuro logo ali na frente, bem perto do agora. O ponto aqui é que a vida, o curso dos acontecimentos e das ações podem ser previstos apenas em parte, os detalhes de cada ação e, por vezes, até um curso completo de ação necessariamente devem ser definidos no momento presente. Isso torna o que queremos que aconteça no futuro um campo de possibilidades, mais ou menos prováveis, que podem mudar a qualquer momento. Além disso, há uma defasagem natural entre decisão e concretização que pode variar para cada intenção, pessoa e ambiente. Por mais pressa que alguém tenha em se casar, por exemplo, haverá uma defasagem entre o ato de decidir e a desejada realização. A defasagem entre resolver beber água e efetivamente bebê-la é uma, ao passo que a defasagem entre decidir e aprender outro idioma será bem maior. Entre o falar e o fazer passa um oceano." (Extraído de um artigo na Internet.)

"Neste verão, estou diferente do verão passado, e no próximo estarei diferente deste... Sei que o verão chegará no mesmo dia, com as mesmas características, mas eu estarei em outra posição na roda-gigante da vida. A minha segurança são os meus valores, que não mudam, e estarão sempre lá dentro de mim, orientando-me e ajudando-me a escolher a melhor direção."

Capítulo 2

OS DEZ OU DOZE PREDILETOS

Todos nós temos uma seqüência de valores principais e valores secundários, que chamo de apoio. São muitos – que bom! – e podem ser remanejados, em grau de importância, de acordo com os objetivos.

A DESCOBERTA DOS VALORES: COMO FAZER?

Bem, a sua lista de valores só terá validade se for baseada em resultados, e não na sua imaginação ou vontade. Acontecimentos verídicos, seu histórico.

O que é valor para você? Faça uma lista de tudo que é importante na sua vida, em todos os aspectos de sua vida, sem se importar com nenhum outro dado. Escreva tudo aquilo que você não fica sem. Nada vai ter graça ou importância se essa determinada coisa, sentimento ou fato não estiverem presentes. Essa lista será imensa, terá mais ou menos de 50 a 120 itens. Caso haja alguma dificuldade, consulte suas anotações anteriores onde, você descobriu o que o coloca para cima e o que o coloca para baixo.

Algumas perguntas, a seguir, podem ajudar a completar essa lista:

1. O que faz nas suas horas livres?
2. Que tipo de filmes ou programas de TV prefere?
3. Visita constantemente restaurantes, bares ou a geladeira?
4. Quais são as primeiras atividades da manhã?
5. Ao encerrar seu dia de trabalho, qual o primeiro pensamento que vem à sua mente?
6. Quando entra um dinheiro extra, o que pensa em fazer com ele?
7. Você é menos ético quando está sozinho que quando está com outras pessoas?
8. Seu objetivo na vida é simplesmente sobreviver ou pagar contas, manter o nível de vida?
9. Que tipo de livros e revistas tem na sua casa ou no seu escritório? Você vai às compras com lista? Conta e confere os itens do carrinho ou das sacolas?

10. Tem pratos prediletos?
11. Se fosse viajar hoje, com folga financeira, para onde iria? Quais seriam os critérios de escolha do transporte, hospedagem, alimentação, passeios, companheiros de viagem?
12. A sua primeira resposta é sempre Não?
13. Gosta de estar sozinho, porque se estiver com alguém não descansará?
14. Para que serve o sexo na sua vida?
15. Se tiver de escolher, prefere fazer visitas, arrumar suas coisas, ou conhecer algo novo?
16. Para que serve o dinheiro?
17. Para que serve o trabalho?

Analise suas respostas e encontrará muitas coisas essenciais para você, suas preferências, seus "indispensáveis". Não importa ainda se são muito ou pouco importantes, o que importa é que foram notadas.

Na lista feita, veremos que alguns itens são "imprescindíveis", outros "importantes", outros consideramos "necessários", alguns apenas "agradáveis" ou "prazerosos". Mas todos fazem parte do nosso mundo, das nossas preferências, do nosso jeito de ser. Faça essa triagem e surgirão novas listas. É com essas que vamos trabalhar!

As novas listas terão novas nomenclaturas e a seguinte hierarquia:

- Os imprescindíveis são os decisórios. São a sua crença, o seu código, os seus princípios.
- Os importantes são os que você usa para se planejar. São seus cuidados com as coisas importantes. A sua forma de cuidar.
- Os necessários são como você gerencia a sua vida. Quais os critérios que usa para fazer os "acertos de rota".
- Os agradáveis são os que supervisionam sua atuação. São o seu apoio para a realização.
- Os prazerosos são os que fazem você se mover – são a ação!

Isso é que mostra como é importante alinhar os seus valores com o seu trabalho e seus relacionamentos, pois é a sua motivação!

Conforme o seu momento, a sua meta, o seu próximo passo, você definirá a hierarquização de valores, para sentir a influência na decisão. Os imprescindíveis serão sempre imprescindíveis, e costumam ser de oito a dez. É o que chamo de "prediletos", os que formam o seu diferencial.

Conhecendo e definindo bem a sua lista, você terá em mãos a melhor ferramenta para conseguir seus objetivos.

Mas lembre-se: você não está sozinho. Vive rodeado de pessoas, onde quer que esteja, seja qual for a finalidade. Essas pessoas fazem parte do seu mundo e estão ali para ajudá-lo a conseguir cumprir o seu propósito. Portanto, é importante definir também quais são os valores delas. Vivemos com a diversidade, e devemos aproveitar isso ao máximo. É a nossa escola, o nosso desenvolvimento. Quando conhecemos os valores alheios, aproveitamos melhor o que os outros têm a oferecer de colaboração para o mundo. Algumas perguntas devem ser feitas, para se conhecer os valores dos outros:

1. O que eles mais valorizam em suas vidas. Seria ética uma negociata? Dinheiro e sucesso os definem? Valorizam a força ou a compaixão? O que realmente importa em sua perspectiva de vida?
2. Quais são as suas expectativas e crenças de como a vida funciona e deveria funcionar?
3. Quais resistências e predisposições – temores, tendências, prejulgamentos – eles têm?
4. Quais posições ou abordagens ou filosofia é mais provável que aceitem ou rejeitem?
5. O que eles necessitam ouvir de uma pessoa a fim de concluir que ela está basicamente aprovada e merece confiança?
6. Que tipo de coisas eles consideram relevante?
7. O que eles acham de si mesmos?
8. O que eles mais querem em suas vidas?

São perguntas fáceis de serem respondidas e mostram rápida e claramente no que se deve prestar atenção.

Assim como nós, as organizações também têm sua lista de "prediletos". Alguns chamam de leis; outros, de mandamentos; outros, de código e também de regras.

O conjunto de valores das religiões determina o que pode e o que não pode ser feito. Das escolas, é baseado no método pedagógico adotado; em empresas, é formado pelo conjunto: missão, visão, valores, geralmente só pendurado em quadros espalhados pelos departamentos. Nos clubes e condomínios, existem os regulamentos, e no Bandeirantismo e Escotismo, as leis são o que determinam o trabalho, a direção a seguir e como seguir.

Capítulo 3

VALORES DE PODER

"É muito raro olhar para outro ser humano sem a intenção de domínio."

Geralmente, o primeiro contato tem um objetivo: trazer o outro para perto. Relacionamentos pessoais, profissionais, sociais, todos necessitam de aproximação e empatia para darem frutos e serem agradáveis. O envolvimento é tentado de muitas maneiras, uma delas é a manipulação.

O que é manipulável? Principalmente as emoções. Também as necessidades, a força, a autoconfiança, a segurança e a imagem.

Um elogio pode ser uma manipulação, pois qualquer pessoa gosta de reconhecimento, e se o reconhecimento for um dos "prediletos" dessa pessoa, pronto, aí está um caminho fácil de manipulação. A pessoa fará tudo que for sugerido em busca de mais e mais reconhecimento e elogios. Até chegar ao ponto cego, em que passa a obedecer: dá ao outro o poder de conduzi-lo.

O PODER É ALGO CONTESTADOR – PODERIO OU POSSIBILIDADE?

Depende da origem e da finalidade. O Poder tem várias origens:

1. Dentro de um grupo em que determinada função é necessária, e somente uma das pessoas tem o conhecimento do exercício dessa função, o poder lhe é concedido, ou seja, é o único que pode.
2. Habilidade e competência para lidar com pessoas e ajudá-las a trazer resultados: torna-se poderoso espontaneamente, porque pode conseguir.
3. Alguém escolhido para liderar, coordenar ou comandar, por amizade, cargo hierárquico, ou coação: torna-se fortalecido e com plenos poderes de comando.
4. Em momentos de revoltas, motins, movimentos políticos ou terroristas, alguém toma a dianteira para defender a minoria, é aclamado por ela e torna-se o poderoso, fazendo com o grupo o que bem entender.
5. Magos, bruxos, videntes e afins utilizam-se do poder da mente, da manipulação energética e, em alguns casos, da persuasão, (capacidade de convencer o outro) e se tornam poderosos aos olhos do outro.

6. Outros, ainda, percebem que podem fazer tudo o que quiserem, são livres ou capacitados, e assim tornam possível a realização de qualquer objetivo.

Poderio para o bem existe?

Sim, quando a índole, o caráter e os valores do poderoso são voltados para o bem comum e a situação exige alguém de pulso firme, objetivo e ético. Sim, quando a capacidade de persuasão é voltada para a solução de problemas do grupo, e não para criá-los.

Sim, para pessoas que foram colocadas em cargos de poder aleatoriamente e buscam o desenvolvimento de seus potenciais criativos, construtivos, conciliadores e integradores.

É extremamente nocivo todas as vezes que for utilizado para manipular pessoa a favor de um objetivo particular ou com a intenção de domínio.

Valores de poder são aquelas características marcantes e nítidas, percebidas e reconhecidas como potenciais a serem desenvolvidos.

O portador de um valor de poder sabe o quanto conseguirá realizar se dedicar-se plenamente a executar essa função tão especial. Qualquer um de nós tem valores de poder, e este livro traça um caminho que deve ser percorrido por todos para a descoberta de seus poderes. Mais interessante do que isso é descobrir que qualquer um dos seus valores "prediletos" pode ser seu valor de poder, tal a sua importância. Eles se tornam valores de poder quando colocados à frente de todas as suas ações, como um maestro orientando seus músicos.

Ocorre com muita freqüência que "defeitos", quando reconhecidos, trabalhados, desenvolvidos e direcionados, tornam-se valores de poder. Aqueles de que você disponibiliza como diferenciais seus, e acaba sendo procurado por causa deles. Por exemplo: Sadismo, críticas, determinação, *status*, estética, soberania, perfeccionismo, fama, qualidade, emoções, relacionamentos, economia, servir e outros tantos. Sabe como? Utilizando-se dessas características de forma lúcida e consciente.

Sadismo: gera excelentes cirurgiões, açougueiros, dentistas, manicures, líder de equipes de demolição.

Críticas: geram consultores de grandes resultados, líderes de controle de qualidade.

Determinação: gerentes e coordenadores de projetos de longo prazo, enfermeiros, fisioterapeutas, coletores de lixo.

Status: responsáveis por programas de lançamentos para o mercado.

Estética: decoradores, cenógrafos, arquitetos, maquiadores.

Soberania: geradores de franquias, representantes exclusivos, médicos especialistas, pesquisadores.

Perfeccionismo: colecionadores, historiadores, juízes, operários de obras, modelagem.

Fama: âncora de projetos sociais, chamariz para garantir presença em novos programas ou publicidade informal.

Qualidade: comprador, garçom, chefe de produção, orientador.

Emoções: ouvidoria, jornalismo, mestre de cerimônias, conselheiro.

Relacionamentos: mediação, arbitragem, negociações, vendas.

Economia: toda a área financeira, reciclagem, artesanato, coordenação em plantação e criação.

Servir: professor, coordenador ou profissional da área de responsabilidade social, coordenador de eventos e bufês, coleta de dados.

Essas são apenas algumas opções. Você descobrirá muitas outras para cada um de seus valores.

Todas as vezes que você identificar alguma característica ou mania sua que não passa despercebida, ocasionalmente gera até apelido, ou se torna um rótulo de identificação, pare e pense: **para que** posso usar isso como colaboração para um mundo melhor? É surpreendente!

Tudo que veio com você no "pacote do seu nascimento" **deve** ser utilizado para beneficiar o todo.

COMO UTILIZAR ADEQUADAMENTE SEUS VALORES DE PODER

A minha, a sua, ou a nossa prioridade?

A história de Anjo da Silva

Quantas e quantas vezes nos deparamos com situações aparentemente inéditas e difíceis de resolver. A sensação é de que nunca ninguém passou por coisa semelhante, e ficamos perdidos, sem saber a quem recorrer para pedir um conselho, uma orientação, ajuda talvez. Parece impossível que alguém possa entender o que se passa, sem desprezar a nossa aflição ou desestimular a nossa vontade de continuar. Geralmente, nessas horas, todos que encontramos "des-constroem" a nossa linha de raciocínio, e voltamos sempre à estaca zero.

Mas, certa ocasião, estando nessa situação, encontrei Anjo da Silva (uma pessoa de carne e osso, cujo nome é real), que começou comigo um trabalho de "construção" de raciocínio. O mais espantoso é que não nos conhecíamos, não tínhamos nenhum tipo de vínculo, nem sequer algum interesse mútuo. Apenas nos encontramos em uma das curvas da vida.

Contei a minha aflição para Anjo, que, com a maior dedicação e desprendimento, ajudou-me a resolver o problema. A partir desse encontro, comecei a prestar atenção no que fazíamos com a nossa capacidade e com os Anjos da Silva que encontramos pelo caminho. Esse fato deu origem a uma grande busca de experiências que pudessem comprovar a minha descoberta. O resultado é este livro. Mas o que você vai ler agora são as anotações que fiz há 15 anos, quando encontrei Anjo. Grandes verdades que não mudaram, não caíram em desuso e não deixam margem a outra interpretação, senão essa mesma. Grandes valores de Poder!

Querido Anjo:
Com sua Paciência, você construiu minha Autoconfiança.
Com seu Bom humor, você me deu Incentivo.
Com sua Sabedoria, você me passou Segurança.
Com sua Ambição, você me trouxe Motivação.
Com sua Astúcia, você despertou meu Entusiasmo.
Com sua Autoconfiança, você me apresentou a Audácia.
Com sua Segurança, você me deu Coragem.
Com sua Criatividade, você me ensinou a usar a Versatilidade.
Com sua Prudência, você me mostrou o Raciocínio.
Com seu Entusiasmo, você construiu meu Bom humor.
Com sua Consciência, você me ensinou a Dedicação.
Com seu Incentivo, você fortaleceu a minha Auto-estima.
Com sua Coragem, você me trouxe a Serenidade.
Com sua Audácia, você construiu minha Prudência.
Com sua Expectativa, você desenvolveu minha Ambição.
Com sua Tranqüilidade, você despertou minha Fé.
Com sua Fé, você me fez buscar a Inspiração.
Com sua Motivação, você despertou minha Criatividade.
Com sua Serenidade, você construiu minha Paciência.
Com sua Seriedade, você me apresentou a Humildade.
Com sua Dedicação, você reforçou minha Seriedade.
Com sua Versatilidade, você me fez conhecer a Sabedoria.
Com seu Raciocínio, você apontou a minha Astúcia.
Com sua Inspiração, você liberou minha Emoção.
Com sua Auto-estima, você inspirou minha Expectativa.

Valores, poder e resultados

Com sua Humildade, você construiu minha Esperança.
Com sua Emoção, você me mostrou o Pudor.
Com seu Pudor, você desenvolveu minha Consciência.
Com sua Esperança, você me trouxe a Tranqüilidade.
Muito Obrigada!

É dessa forma que despertamos o nosso Poder, poder ser inteiro e realizar.

Existem também algumas "fórmulas" de persuasão, difundidas principalmente em treinamentos de venda, que podem ser utilizadas associadas à nossa consciência ética e ao nosso propósito. Encontrei, em um livro de Paulo Silveira, *A Lógica da Venda*, os seis princípios da persuasão, que achei úteis para explicar por que as lições de Anjo da Silva me fizeram melhor:

1. Afeição – as pessoas gostam daqueles que gostam delas.
2. Reciprocidade – as pessoas pagam na mesma moeda.
3. Comprovação Social – as pessoas seguem exemplos dos semelhantes.
4. Autoridade – as pessoas se submetem a especialistas.
5. Consistência – a pessoas se prendem a compromissos claros.
6. Lei da Escassez – o que as pessoas mais querem é aquilo que menos podem ter.

Comentando esses princípios, as observações das leis 1, 2, 3 e 4 foram desenvolvidas nos capítulos anteriores. A lei 5 é a conclusão deste capítulo. Quanto à lei 6, devemos completar com: "O que as pessoas mais querem é aquilo que podem ter, mas não se julgam capazes ou merecedoras: precisam de ajuda para descobrir que já têm, resta saber disso".

Capítulo 4

RÓTULOS E JULGAMENTOS

"Quem prejulga quer ser julgado."

"Não há motivação no mundo que me faça dar resultados se eles não forem compatíveis com os meus valores."

"Não precisa ser perfeita, basta ser Bandeirante." (Ser coerente com os valores do movimento.)

"Eu não agia como os outros. Será que só por isso eu não obtive sucesso?"

"Se for verdadeiro, não será sofrido."

"Quantas vezes nos violentamos, somente para agradar aos outros..., ou para conseguir resultados – esperados pelos outros." (Pais, filhos, subordinados, chefes, governantes, artistas.)

"Ser ator, representar um papel, pode ser uma solução. Porém, desde que seja temporária e consciente."

"Como eu me boicoto o tempo todo, sem perceber."

RÓTULOS E JULGAMENTOS, CRÍTICAS GRATUITAS, DEDUÇÕES LÓGICAS. LÓGICAS?

Existem pessoas que naturalmente julgam, rotulam, criticam e analisam as outras. Já percebeu que essas pessoas são extremamente inseguras, incapazes de tomar decisões? Pedem opinião para tudo (logicamente, nenhuma é aceita nunca – pedem apenas para ter "material" para os próximos julgamentos sobre o "questionado").

Vivem sua vida e baseiam sua ações preocupadas com "o que os outros vão achar?", "o que os outros vão falar?".

Essas pessoas geralmente começam a resposta criticando ou mostrando prováveis problemas para a situação apresentada. Na verdade, está embutido nelas o valor do questionamento, que é muito construtivo, desde que trabalhado com amorosidade, e não com desafeto, desaforo ou réplica aos seus próprios traumas. Elas sofrem de uma carência afetiva e de reconhecimento que as impedem de transformar isso em Servir.

Valores, poder e resultados

Mas nós também fazemos isso conosco! Quando não reconhecemos o nosso propósito e não permitimos que ele nos direcione, talvez "intoxicados" pela poluição emocional que nos cerca, criamos desculpas o tempo todo, relaxamos a nossa atenção, procrastinamos, e colocamos isso para fora pela autocrítica e autolimitação.

Você só conseguirá realizar qualquer coisa e ter certeza de que realizou quando for você mesmo. Pois somente para você esse resultado será um resultado, atende às **suas** necessidades. Para os outros, será apenas útil. Ou incômodo. Tanto faz.

A questão é manter-se imune às críticas e aos julgamentos, a menos que você esteja em um tribunal e seja o réu. Quanto aos rótulos, preste atenção e veja no que eles podem ser aproveitados.

Poderia escrever um livro inteiro sobre isso, tal é o peso dado ao assunto nas nossas decisões, ações e reações, e também nas origens das nossas doenças. Dizem que o que faz mal não entra pela boca, e sim pelos ouvidos.

Somos movimentados pelas emoções. Nos dias de hoje, se você estiver andando em uma rua escura, à noite, em direção ao seu carro, sozinho, e escutar um ruído, o que acontece? Em questão de segundos, seu coração bate mais forte, corre um frio pela espinha, suas mãos ficam frias, até você ter coragem de olhar para trás e ver que era apenas uma folha caindo. Da mesma forma, reagimos aos "ruídos" das críticas, dos julgamentos, dos rótulos e das maledicências.

Se você se conhece bem, sabe do que é ou não capaz, e está seguro de que está cumprindo o seu propósito. Não se contamine com aquilo que não alinha-se com a sua segurança. A serenidade é o melhor valor de Poder nesse momento.

Capítulo 5

A MARCA PESSOAL – COMPETÊNCIAS, COMUNICAÇÃO, ESTILO

Escutar e ouvir – qual a diferença?

Escutar e ouvir – a porta de entrada é a mesma: a orelha, depois o ouvido. Mas o caminho que cada um percorre dentro da cabeça é outro. Ouvir passa direto, pouco fica arquivado. Escutar segue em direção à mente, para ser processado. Complicado? Não, é fácil. Seguem alguns exemplos:

1. Você encontra uma amiga na rua, cumprimenta e, gentilmente, pergunta: – Como vai? Ela responde: – Bem, só estou um pouco preocupada. Você diz: – Ah, preocupações todos têm, não esquenta não! Você ouviu a sua amiga.

2. Mesma situação anterior: – Como vai? – Bem, só estou um pouco preocupada. Você diz: – Posso ajudar em alguma coisa? Preocupações são problemas que precisam de soluções. Quem sabe falando você se sente melhor... Me liga mais tarde! Você escutou a sua amiga.

Percebeu a diferença? A diferença não é ter ou não tempo para conversar, ou intimidade suficiente para oferecer ajuda, mas realmente prestar atenção ao que foi dito. Quando você escuta, desencadeia uma reação na sua mente. Existe uma troca de comunicação. Quando você apenas ouve, a reação é mecânica.

Se alguém fala com você, há algum objetivo. Portanto, deve haver uma resposta. E para que a resposta atinja o objetivo, deve ser processada. Caso contrário, ninguém poderá ser responsabilizado pelo que vem em seguida, somente você. Se você escutou, saberá perfeitamente o que respondeu. Se você apenas ouviu, nem se lembrará da resposta que deu.

É comum usarmos filtros para a escuta, dependendo do grau de importância da conversa, do nosso estado emocional no momento ou da nossa intenção: só escutamos o que desejamos; focamos no que pensamos saber da pessoa; ignoramos mensagens emocionais e sentimentos do outro; estamos prestando atenção em outra coisa; achamos que já sabemos o que o outro irá dizer e já formamos opinião a respeito; ficamos pensando no que iremos responder; queremos assumir o controle transmitindo mais que recebendo. As pessoas expressam seus valores de imediato, e a comunicação deixa isso mais claro ainda.

Sua forma de diálogo irá demonstrar seu estilo e suas competências. Os sinais mais nítidos são: seu nível ético; suas carências; estado emocional; suas intenções (influenciar ou sensibilizar); gestos e palavras desalinhados; tensão, preconceitos, hierarquia; competição; nível cultural; crenças e bloqueios.

A comunicação é uma forma de propagar a sua essência, colocá-la em contato com o mundo. Abrir passagem para a sua chegada.

Um exemplo interessante para compreender rapidamente qual é o seu estilo é respondendo: Quais são as cinco pessoas que você gostaria de conhecer?

"O comportamento humano é regulado tanto por interesses pessoais como por pressões e normas sociais. Os valores humanos permitem considerar, ao mesmo tempo, esses dois aspectos, visto que não só representam o que a pessoa quer para si (desejo pessoal), senão o que deveria querer (desejabilidade social). Nesse sentido, no presente núcleo de pesquisa dá-se ênfase principalmente aos valores humanos. O objetivo principal é compreender o papel dos valores humanos na explicação do comportamento social."

Com o mercado cada vez mais competitivo e com a crise de empregos, as empresas passam a exigir muito mais de seus funcionários, e esses se sentem inadequados e acabam por desenvolver sintomas físicos e emocionais, que vão desde uma gripe até uma depressão profunda que os incapacita para o trabalho e para a vida.

Como se adaptar às mudanças e às exigências impostas sem adoecer física, mental e emocionalmente? Como ser equilibrado em um mundo onde se valoriza cada vez mais o aspecto tecnológico em detrimento do humano?

Para conseguir alcançar as mudanças, corremos atrás de informações. A forma de busca de informações, o que você deseja saber, está diretamente ligada aos seus valores. Você buscará de acordo com o que é mais importante para você. Conscientemente ou não, seus dez ou doze "prediletos" é que nortearão essa busca.

Você faz a diferença

Qual é essa diferença?

1. O que o meu jeito de atuar faz que o diferencia dos outros?
2. Quais são as minhas qualidades/características que me diferenciam dos outros?

3. Quais são os meus pontos fortes?
4. Qual a minha qualidade mais digna de nota?
5. Qual a característica/benefício que eu ofereço?
6. As pessoas me procuram por quê?
7. Eu antecipo e resolvo os problemas antes que eles se transformem em crises?
8. O que eu faço que acrescenta valor notável, mensurável e distinto?
9. Entre as coisas que eu faço, qual é aquela de que mais me orgulho?
10. O que foi que já realizei e do que posso me gabar abertamente, sem medo de parecer ridículo?
11. O que eu mais gosto de fazer?
12. Quero ficar famoso (ser reconhecido) por quê?
13. O que eu mais ouvi a meu respeito no último ano?
14. O que os outros não fazem?

Possivelmente, ao responder a essas perguntas, você já encontrou o seu diferencial. Lembre-se de analisar cada detalhe, pois cada resposta lhe dá uma chave, uma porta aberta. Não brigue consigo vivendo de uma forma que não seja a sua forma. Descubra o Seu Valor no mundo. Ninguém sabe fazer tão bem alguma coisa que você faz e que pode não estar dando o devido valor.

Capítulo 6

MEXENDO COM OS VALORES

A MARCA PESSOAL

É o seu jeito de fazer as coisas, de lutar pelos seus objetivos, de receber as oportunidades. É a sua forma de perceber, reconhecer, aceitar e permitir. Agora que você já conhece tudo isso, está na hora de mexer com os seus valores a seu favor.

- Quais os valores que decidem?

Os "decisores" são os "prediletos", independentemente de você perceber isso ou não. Eles sempre decidiram tudo na sua vida.

- Quando os valores decidem?

Quando a decisão estiver ligada aos seus próximos passos e influenciar no seu caminho. Se você pensar bem, todas as decisões interferem nos seus próximos passos. Por exemplo: pela manhã, ao tocar o despertador, você acorda e levanta-se imediatamente ou pára para pensar um pouco? Ao levantar-se, o que é mais importante para você: lavar o rosto, ir correndo pegar o jornal, sentar-se à mesa do café ou dar bom-dia para os outros habitantes da casa?

- Como eles decidem?

Determinando veladamente o que é mais importante naquele momento.

- Quanto eles decidem?

Totalmente!

- Por que eles decidem?

Para permitir que você não se "violente", que respeite a sua própria natureza e não saia do seu propósito.

- O que eles decidem?

Quais serão as conseqüências dos seus atos.

Vamos colocar isso em prática, usando um exercício que aprendi com Lúcia Helena Leal, especialista em Valores na Educação. Trace uma linha horizontal, com três divisões iguais. Nomeie o ponto de partida como -5, o próximo ponto como 0, o seguinte como 5 e o final da linha como 10.

```
├─────────────────┼─────────────────┼─────────────────┤
-5                0                 5                 10
```

Localize nessa linha as seguintes informações:
- Quanto sou responsável por mim?
- Quanto sou justo comigo?
- Quanto sou sincero comigo?
- Quanto gosto de mim?
- Quanto reconheço minha capacidade?
- Quanto conheço dos meus valores?
- Quanto conheço das minhas oportunidades?
- Quanto conheço do meu caminho?

Ao completar esse exercício, você entenderá quais são os seus pontos que merecem muita atenção e quais os pontos que precisam de ajuda para se desenvolver.

"Você é quem você conhece, não o que você faz."
(Azalba)

Agora você já tem parâmetros concretos para definir que rumo dará à sua vida! Essa é a preparação para a próxima parte do livro, Valores de Resultado.

O que se passa com meu trabalho?

Qual é meu objetivo?

Para onde vou?

Quem sou eu?

O que estou fazendo?

O que vou fazer?

Conselhos aos Seres Humanos sobre o seu Caminho

Meçam as informações com o discernimento do seu coração, pois são as emoções que nos movem. A experiência vem do intelecto, que não é a realidade, pois é calculada, construída. As emoções se movimentam para além do tempo e da distância, estimulando a criatividade. São essas informações que devem depois misturar-se com a lógica, pois trarão provas incontornáveis da sua capacidade.

Valores, poder e resultados

Não se fixem em objetivos, mas sim em capacidades. Façam o que querem fazer ao mundo, e não o que o mundo quer que vocês façam. Vejam além das limitações do existente, para não ficarem presos no seu próprio caminho, que é o do seu melhor potencial. Quando seguimos um "mapa" preconcebido, fixamo-nos nas informações que ele contém, e não nos permitimos mudar. Mostram apenas para onde queremos ir, e não para onde podemos ir. Objetivos não têm fim, e só percebemos isso quando nos deparamos com as dificuldades. Essas são criadas por nós mesmos, porque temos medo de brilhar, de andar por caminhos desconhecidos. Mas somos livres para escolher os nossos caminhos. O único "mapa" de que precisamos é o de nós mesmos, o do autoconhecimento, que mostra todos os recursos que podemos utilizar. Quando estamos livres, permitimo-nos experimentar e descobrir mais capacidades que não sabíamos existir. Aceitem a responsabilidade do desconhecido. Pensem em vocês mesmos como sendo o explorador que envia os batedores não muito longe de cada vez, à sua volta, para descobrirem por onde é melhor seguir. Assim como empurrando a porta e sentindo a energia e utilizando a sua própria energia de discernimento, enquanto se movimentam devagarinho. A única diferença aqui, entre vocês e o explorador, é que vocês transportam luz para onde quer que vão. Por isso, o que quer que façam será uma exploração segura e cheia de iluminação.

Saiam dessa caixa em que estão metidos, que diz: "Eu sei aonde vou e é aí que Deus me vai levar". Tenham consciência de que não irão por um caminho já traçado por alguém, mas sim moldar uma criação sua. Todos os conhecimentos são como ingredientes. Conheçam os ingredientes, utilizem para a criação do novo. Isso é Maestria!

Não tirem conclusões acerca do seu trabalho, pois atrapalharão completamente o que poderão encontrar. Os caminhos que encontrarem é que serão os seus caminhos.

O verdadeiro contrato não anuncia o que fazer, ele anuncia o potencial inicial. Não podemos passar a vida fazendo coisas que já fizemos, temos diariamente uma página em branco para ser escrito 'Quem sou'. Dêem mais atenção às suas intuições, porque elas são a voz da razão escutando o coração: é a Razão Emocional. Isso os guiará ao caminho perfeito. Quando colocamos uma moldura temporal ou funcional nas coisas – isso se chama plano –, colocamo-nos em uma prisão. Limitamos o nosso campo de atuação, pois se no meio do caminho aparecer uma oportunidade ou solução melhor, diremos: "Não posso fazer isso porque não se encaixa nos meus planos. Não estou pronto nem preparado". E diremos ainda: "Estou, pacientemente, fazendo tudo de acordo com o plano, mas nada acontece".

Vera Poder

A partir dessa reforma que está sendo feita agora, vocês enxergarão mais longe coisas que se passaram dentro de vocês. Convido-os a abandonarem o drama na sua vida. É assim que se tornarão mais fortes e poderão realmente contribuir com o todo. A escolha é sua.

Há um Ser Humano engrandecido no interior de cada um de vocês, que muitos nunca conhecerão, mas que alguns descobrirão se realmente prestarem atenção ao que estamos fazendo neste momento. Alguns dos que estão lendo têm as sementes da mestria. Alguma das mais profundas energias curadoras está aqui. Alguns poderão dizer "estou muito velho", e eu responderei: "Você já está novamente contando o tempo".

Essa percepção está aí, à espera de ser chamada. Alguns chamam-na de intuição. Direi que aprendemos até agora a reconhecê-la, aceitá-la e permitir que faça por nós.

De onde vieram todas essas capacidades? Todos os talentos de que vocês precisam estavam escondidos no seu interior, prontos a tornarem seu lugar. Aconteceu automaticamente, sem treino, porque já lá estava. Vocês podem tornar-se em algo mais do que pensam que são!

Agora já sabem, por isso comecem. O maior atributo no seu interior é o de um guerreiro sem medo, Trabalhador da Luz. É tempo de o reclamar. E se o fizerem, também estarão a caminho de curar o corpo com que vieram. Vem tudo em um pacote a que chamamos iluminação. Jamais diríamos essas coisas se não fossem verdade.

E assim é.

(KRYON, traduzido por Filipa Morgado)

PARTE 4
Valores de Resultados

PERMITIR
Para que serve?
Será útil para mim?
Será útil para o todo?
Deve ser uma ferramenta

A ESTRATÉGIA (PLANO) É POR FORA E A TÁTICA (AÇÃO) É POR DENTRO. Estratégia não é conflito. Conflito é quando os seus valores não se encontram com os seus propósitos e seus instrumentos de desenvolvimento.

Capítulo 1

O DESPERTAR

> "A maior distância a ser percorrida pelo ser humano está entre a cabeça e o coração."
> (Steven Dubner)

Despertar – o que gera vontade, motivação, atitude, reação, formação de caráter?

O Medo

"O medo provém do ego, o amor provém do espírito. Quando você tem pensamentos agressivos, isso faz com que você, pela lei do Karma que opera dentro da sua mente, viva no medo. Se você agride, terá medo, pois esperará que outras pessoas o agridam, o que o deixa medroso. Se vive no amor, então, pela lei do Karma, também esperará receber amor. A agressão é um apelo ao amor. Você precisa enxergar além e através da agressão, percebendo que a pessoa que agride na verdade vive no medo. O medo é indicação de falta de amor, de auto-estima, de permissão para o mergulho na experiência do amor de Deus."

(Joshua David Stone – Psicologia da Alma)

"Nosso medo mais profundo não é o de sermos inadequados.
Nosso medo mais profundo é de sermos poderosos além da medida.
É nossa luz, e não nossa escuridão, que mais assusta.
Nós nos perguntamos: quem sou eu para ser brilhante, atraente, talentoso, fabuloso?
Na verdade, quem é você para não ser? Você é uma criança do espírito.

Você, pretendendo ser pequeno não serve ao mundo.
Não tem nada de iluminado no ato de se encolher para que os outros se sintam inseguros ao seu redor.
Nascemos para manifestar a glória do espírito que está dentro de nós.
E à medida que deixamos nossa luz brilhar, damos permissão para os outros fazerem o mesmo.
À medida que libertamos nosso medo, nossa presença libera os outros."

(Nelson Mandela)

Estamos agora falando de Luz. Da Luz que você é e de todos os benefícios que ela pode trazer à sua vida e de todos que o cercam. O seu despertar para os Resultados.

BRILHE

"Uma luz, apenas, pode fazer uma grande diferença quando temos somente escuridão em volta.
Quando você acende uma luz em uma sala iluminada, a diferença é mínima.
Mas quando você acende uma luz em uma sala que estava
 totalmente escura, você modifica de forma significativa o ambiente.
A luz revela possibilidades.
Ela faz os obstáculos parecerem menos ameaçadores.
A luz deixa as situações mais claras e fáceis de resolver.
Quanto mais você estiver rodeado de negatividade, maior será o impacto de manter-se positivo.
Apenas uma pessoa que insista em dizer 'sim, vamos consegui', e que de forma contínua trabalhe para fazer as coisas acontecerem, alcançará resultados magníficos.
Se você só consegue sentir energia negativa à sua volta, encare isso como uma oportunidade.
Considere a diferença que você pode fazer com seus pensamentos e suas ações positivas.
Acenda a sua própria luz, e aqueles que estiverem por perto não poderão deixar de enxergá-la.
E quanto mais escuro estiver à sua volta, mais a sua luz brilhará."

(Autor desconhecido)

Valores, poder e resultados

Capítulo 2

A CORRENTE DE PEDRAS PRECIOSAS

Poema do mestre indiano Nagarjuna, escrito há mais de 1.800 anos:
Eu lhe falarei brevemente sobre as belas qualidades
Daqueles no caminho da compaixão:
Doar, ética, paciência e esforço,
Concentração, sabedoria, compaixão.

Doar é dar para outros o que você tem,
Ética é fazer o bem para outros.
Paciência é desistir da raiva,
E esforço é a alegria que aumenta o bem.

Concentração e um ponto fixo, liberdade de pensamentos ruins
E sabedoria decidem o que realmente a verdade é.
Compaixão é uma espécie de suprema inteligência
Misturada profundamente com o amor por todos os seres viventes.

O doar traz riqueza, o mundo bom vem com a ética;
Paciência traz beleza, excelência vem com esforço;
Concentração traz paz, da sabedoria vem liberdade;
Compaixão realiza tudo aquilo que desejamos.

A pessoa que toma para si todos estes sete
E os aperfeiçoa alcança
Aquele lugar de conhecimento inconcebível,
Nada menos que o de protetor do mundo.

(Poema extraído do livro *O Lapidador de Diamantes* – Guese Michael Roach)

A Corrente de Pedras Preciosas nos traz as sete virtudes mais importantes de se alcançar, e que fazem parte dos valores de resultados: doar, ética, paciência e esforço, concentração, sabedoria, compaixão.

Há 1.800 anos já era sabido o que traz resultados. Mas as disputas materialistas foram deturpando os valores e deixando essa corrente esquecida. O Criador, porém, guardou-a com muito cuidado dentro do coração de cada um de nós, para que na hora certa fosse encontrada. Agora é a hora certa. Todo o planeta está se preocupando com a Paz, a sustentabilidade, a harmonia e a solidariedade. Essa é a parte que nos cabe como troca por tudo o que nos mantém vivos, presentes da Natureza.

Capítulo 3

POSSIBILIDADE X PROBABILIDADE – O PODER DOS VALORES – (TRANSFORMADOR)

A IMPORTÂNCIA DO ENTUSIASMO

A palavra Entusiasmo vem do grego e significa ter um Deus dentro de si. Os gregos eram panteístas, isto é, acreditavam em vários deuses. A pessoa entusiasmada era aquela possuída por um dos deuses e, por causa disso, poderia transformar a natureza e fazer as coisas acontecerem. Dessa forma, se você fosse entusiasmado por Ceres (deusa da agricultura), seria capaz de fazer acontecer a melhor colheita, assim por diante.

Segundo os gregos, só as pessoas entusiasmadas eram capazes de vencer desafios do cotidiano. Era preciso, portanto, entusiasmar-se. Assim, o entusiasmo é diferente do otimismo. O otimismo significa acreditar que uma coisa vai dar certo. Talvez até torcer para que dê certo. Muita gente confunde otimismo com entusiasmo. No mundo de hoje, é preciso ser entusiasmado. A pessoa entusiasmada é aquela que acredita na sua capacidade de transformar as coisas. De fazer dar certo. Entusiasmada é a pessoa que acredita em si, acredita nos outros, acredita na força que as pessoas têm de transformar o mundo e a própria realidade.

E só há uma maneira para ser entusiasmado: agir entusiasticamente. Se formos esperar ter condições ideais primeiro, para depois nos entusiasmarmos, jamais nos entusiasmaremos com alguma coisa. Não é o sucesso que traz o entusiasmo, é o entusiasmo que traz o sucesso. (Recebido por e-mail, sem o nome do autor.)

"Mas se você quer ou precisa fazer determinada coisa que não está alinhada com seus valores em 50%, como agirá? Quais são as possibilidades de conseguir entusiasmar-se?"

CONCEITOS X XAMÂNICOS

Aprendi com os sábios índios, na pessoa do Xamã Timberê, um pouco sobre "como agir sem se machucar", através dos jogos de pedras. Gostei tanto que fui refletir sobre tudo o que poderia ser feito com aquele material. Descobri que nos 64 conceitos que tive de descobrir e desenvolver estavam contidos todo o meu cérebro e minha forma de raciocinar. Fui testando, experimentando, usando, comprovando, descobrindo, até que entendi a lógica daquele trabalho. Lógica para mim, que já estava estudando os valores e seu funcionamento há muito tempo; portanto, a minha lógica.

Após um longo trabalho de autoconhecimento, feito ali na aldeia, dias e noites, por testes, desafios e provações, proporcionados pelos Xamãs, acabei descobrindo quais eram os meus valores, que eles chamaram de "conceitos". Após a descoberta, aprendi que os conceitos são as minhas ferramentas de trabalho. E como dispor dessas ferramentas para agir, para encontrar caminhos e respostas.

A proposta que coloco agora vai utilizar todo o material que coletamos até este momento, sobre nós, nossos valores, nossas características, e transformá-lo em ferramentas de resultados.

Observe todo o material coletado – valores humanos, seus valores, suas características, seus diferenciais, seus pontos fortes, suas qualidades, os benefícios que você oferece, coisas que o deixam feliz, coisas que dão prazer. Procure completar 64 conceitos. Nem mais, nem menos.

Em um papel colocado na horizontal, desenhe uma grade com 12 colunas e cinco linhas.

Você já deve ter definido seus 12 valores "prediletos", os mais importantes para você e que não podem faltar, os imprescindíveis. Aqueles que estão presentes em todas as suas ações e decisões. Eles encabeçam as 12 listas de famílias de valores no seu papel (Parte II, Capítulo 2 – Trabalhando os Valores Humanos). Em seguida, coloque o restante – um de cada vez – logo abaixo de cada "predileto", de acordo com a família a que possam pertencer (pelo seu ponto de vista), deixando sobrar os quatro últimos. Cada lista terá no mínimo três e no máximo cinco conceitos.

Analisaremos, agora, a sua lista, conforme vimos na Parte III, Capítulo 2 – Os Dez ou Doze e Prediletos.

A primeira linha traz os seus valores "prediletos" (famílias – decisórios).

A segunda e terceira linhas trazem os seus valores importantes (cuidados – planejamento).

A quarta linha traz os seus valores necessários (acertos de rota – gerenciamento).

A quinta linha traz os seus valores agradáveis (realização – supervisão).

Sabe o que são os quatro que sobraram? Não os despreze!

Valores, poder e resultados

São os prazerosos! A chave dos resultados! A ação! (movimento).

Os Prazerosos poderão ser usados para desenvolver assuntos de qualquer uma das 12 famílias. São ferramentas polivalentes, que fazem funcionar qualquer uma das peças da sua máquina. Como dissemos anteriormente, todos os seus valores são os ingredientes para você construir a sua forma de ser e aqueles prazerosos, são os temperos.

As colunas contêm os ingredientes necessários para se trabalharem as questões da família a que pertencem, encurtando caminhos, eliminando dificuldades e conseguindo resultados.

Capítulo 4

A CONTRAPARTIDA

"O ser humano é um tipo de diretor de cena do que ocorre na Natureza.

Esquecendo-se de suas responsabilidades, o ser humano luta por direitos.

Caso uma profunda investigação seja realizada, será verificado que o ser humano não tem qualquer tipo de direito neste mundo. Ele só tem deveres e não direitos. É tolice lutar por direitos sem se encarregar de seus deveres. Todo o caos e os conflitos no mundo são devidos ao fato de que os seres humanos se esquecem de seus deveres. Se cada um se encarregasse de seu dever, o mundo seria pacífico e próspero.

Quando o líder realiza seus deveres de forma apropriada, os empregados trabalham bem. Quando os pais se encarregam de seus deveres, os filhos se encarregam de suas responsabilidades. Quando os filhos se encarregarem de seus deveres para com seus pais, esses pais serão respeitados. Da mesma forma, quando professores cumprem seus deveres, os estudantes comportam bem.

Quando os estudantes se encarregam bem de seus deveres, as autoridades têm o devido respeito.

Hoje os seres humanos estão esquecendo suas obrigações. O Cosmos é um organismo de partes inter-relacionadas. Quando cada um cumpre seu dever, os benefícios estão disponíveis para todos. O ser humano só tem direito a realizar seus deveres e não aos frutos destes deveres."

A abordagem da Educação em Valores Humanos busca integrar essas dimensões, do conhecer, do pensar, do vivenciar e do agir do ser humano, e para isso propõe uma formação que nos leve a dominar os conhecimentos na fronteira das ciências, da epistemologia e do avanço de campos científicos que estão estabelecendo novas visões de mundo, a partir da física quântica, da teoria dos hemisférios cerebrais, da ecologia profunda, da visão de novos processos em educação, de perspectivas éticas, em uma proposta de educação transdisciplinar, sob um ponto de vista complexo e complementar que fundamenta os novos paradigmas da ação humana.

Mas esta não pode ser apenas uma viagem intelectual, mas também um compromisso institucional e individual profundo com a ação amorosa. Ainda que o amor não possa ser quantificado nem definido cientificamente, manifesta-se no servir, que implica sair de nós mesmos.

Servir nos leva à percepção da unidade na diversidade, e nos oferece a chave para a abertura da alma. Essa proposta visa a propiciar essa formação visando à construção de em uma sociedade amorosa e harmônica, a partir da formação do caráter de forma integradora.

A criação do conhecimento é realizada a partir de uma atuação centrada nos paradigmas que vêm orientando a ciência neste século, embasados nas noções de complexidade, complementaridade e totalidade integrada.

Construir conhecimento de forma integrada prevê também a ampliação da visão do ser humano sobre si mesmo, descobrindo e desenvolvendo novas potencialidades, acionando os cérebros de forma mais criativa, flexível e harmônica.

Todavia criar conhecimento e desenvolver potencialidades ainda não basta para termos um mundo melhor. Um procedimento de educação baseado somente nesses dois aspectos pode ainda gerar "genialidades" voltadas para a destruição.

É preciso encontrar outras premissas, que nos levem a outros resultados, embasar nossa atuação em valores humanos universais. Não podemos nos esquecer de que, para entrarmos em ação de forma consciente e transformadora, é preciso estabelecer um circuito metodológico em que seja possível: harmonizar-se internamente, estabelecer processos reflexivos e criativos, atuar em relação àquilo que foi elaborado.

Não basta saber, é preciso acreditar no que se sabe. E somente agir movido por aquilo em que se acredita. Aí sim, a vida passa a ser vivida. Só dessa forma pode-se pensar em criação, evolução e transformação. É preciso atenção, inteligência, sensibilidade e cuidado para não cair na armadilha interior de querer que o mundo seja de uma única maneira. Dividir-se entre certos e errados, e continuar discutindo, cada um achando que tem mais razão que o outro, esquecendo que o que se faz, agindo assim, é pregar a paz e semear a guerra.

Muitas guerras já aconteceram simplesmente porque alguém, em algum lugar, queria fazer do mundo um grande "porque sim", onde tudo funcionasse por conta do seu modelo desejado. Porque acredita que está certo e o resto do mundo está errado. E a vida não é assim. Cada ser humano, à sua maneira, busca seu caminho de desenvolvimento. Temos que aprender a compreendê-los e, como educadores, mostrar uma possível trajetória.

A opção de caminhar é responsabilidade de cada um, é tornar-se senhor de si mesmo, é o caminho para a formação do caráter. Isso todos temos que aprender. Essa é a raiz da autonomia e da liberdade, e não a busca frenética e desorientada de uma liberalidade sem pé nem cabeça, do desenvolvimento de modelos que alienam e manipulam, que nos fazem perder o chão, perder o precioso tempo da nossa vida, perder a dignidade das relações humanas e alimentar a desesperança.

A ação humana tem duas dimensões: uma mensurável, concreta e quantitativa; outra não-mensurável, abstrata e transcendente. Quantificamos financeiramente o custo um projeto, mas não podemos utilizar as mesmas metodologias de cálculo para dimensionar a felicidade que ele pode gerar. Qual a contrapartida?

Uma proposta de desenvolvimento em que haja coerência entre o que a cabeça pensa, o que o coração sente e o que as mãos fazem.

Qual a expectativa de resultados?

A construção de um mundo melhor.

Esses textos foram recebidos pela Internet, lamentavelmente sem os seus autores, e descrevem a visão da sociedade em relação à importância dos valores na Educação. A educação é a base de toda e qualquer formação humana, não importa em que moldes seja executada: na família, na escola, na sociedade. O importante é que sejam aplicados os valores em todas as hierarquias.

Já é bastante conhecido o fato de que as empresas e as organizações avaliam seus colaboradores pelo Conhecimento, pelas Atitudes e pelas Habilidades, considerando que os resultados são provenientes de 15% de Conhecimento e 85% de Atitudes e Habilidades.

Neste universo, o que é "treinável"?

Valores, poder e resultados

Conhecimentos? Conhecer é descobrir. Des-cobrir, tirar o que esconde, pesquisar, explorar os caminhos que levam ao saber. Saber é = responsabilidade. A partir do momento que você sabe alguma coisa, torna-se imediatamente responsável por conduzir esse conhecimento adequadamente. Isso gera uma transformação = trans-formação: formação através de, além de, para além de. Você se torna melhor do que era, modifica suas atitudes, melhora suas habilidades.

Praticando a meditação, seja qual for a técnica, a assiduidade ou o tempo disponível para esse momento, você encontrará a liberdade, porque meditar é me-editar: ação que leva à revisão e à correção sem punição. Portanto, livra-se de dúvidas e inseguranças. Liberdade é = permissão: per-missão. Você fica livre para seguir a sua missão.

Em matéria publicada e um jornal paulista, em outubro de 2005, havia uma observação muito interessante sobre o prazer. A sociedade e o Estado, na ânsia de manterem a ordem e o controle, criam um "neopuritanismo" que leva o indivíduo a culpar-se por assistir à televisão, comer doces, praticar esportes de risco, tomar banho de sol, beber, fumar, proibindo ou regulamentando as atividades que proporcionam satisfação ao indivíduo na sociedade. Isto é uma tendência ao autocontrole e à correção social sobre o comportamento e o consumo mercadológico dos indivíduos, e que faz surgir um grupo de "novos puritanos", pessoas que passam a achar intolerável viver com o risco, a incerteza, e passam a querer tudo controlado. As discussões individuais são favoráveis, mas, se as restrições são aprovadas em conjunto, passam a controlar quase todas as possibilidades de ação dos indivíduos.

O grande artista Chico Buarque de Holanda, certa vez, em uma entrevista, disse que detestava a época dos seus shows seqüenciais, pois ficava sem tempo para trabalhar. Qual é a grande obra do Chico? São as suas composições, a poesia, que são produzidas nos seus momentos de ócio criativo, em dias seguidos na rede da varanda, regados a cerveja, caipirinha e outros dos seus prazeres, como o futebol.

Cada um produz da sua forma. O que não se pode esquecer é que a sua forma não tem o direito de invadir os valores dos outros. Isso é liberdade!

Capítulo 5

MANIPULAÇÃO, DESAFIOS, PRAZERES

A Vida Humana como Valor Ético
Dalmo de Abreu Dallari

BIOÉTICA E DIREITOS HUMANOS

Qualquer ação humana que tenha algum reflexo sobre as pessoas e seu ambiente deve implicar o reconhecimento de valores em uma avaliação de como esses poderão ser afetados. O primeiro desses valores é a própria pessoa, com as peculiaridades que são inerentes à sua natureza, inclusive suas necessidades materiais, psíquicas e espirituais. Ignorar essa valoração ao praticar atos que produzam algum efeito sobre a pessoa humana, seja diretamente sobre ela, seja através de modificações do meio em que a pessoa existe, é reduzir a pessoa à condição de coisa, retirando dela sua dignidade. Isso vale tanto para as ações de governo, para as atividades que afetem a natureza, para empreendimentos econômicos, para ações individuais ou coletivas, como também para a criação e a aplicação de tecnologia ou para qualquer atividade no campo da ciência.

Utilizando esse artigo como base, vamos transportar essas informações para alguns casos do nosso cotidiano, que são relevantes para os resultados, e de alguma forma deixam dúvidas na hora das decisões.

Empregabilidade: estar disponível é estar inteiro, pleno de suas capacidades desenvolvidas, estar atento às oportunidades, ter visão ampla e irrestrita. Ousar, aceitar desafios, dar valor ao outro – reconhecer o real valor do outro.

Liderança: ter convicção sobre o seu propósito, ser responsável por si e pelo todo, brilhar sem medo, ter a humildade de aprender, reconhecer o que realmente precisa ser feito.

Empreendedorismo: é a arte de fazer acontecer, esteja onde estiver. O cenário, o clima, os recursos disponíveis são os complementos, mas o espírito realizador está internalizado. Uso totalmente otimizado dos valores de poder.

Iniciativa: é a segurança do propósito e o conhecimento do potencial, aliados ao prazer de realizar.

Valores, poder e resultados

Proatividade: "escutar" a essência, chegar para resolver, e não para caminhar com os problemas, reagir alinhado com os valores da proposta e dos envolvidos.

Planejamento: é saber para que, qual é a direção e quais os resultados previstos. Conhecer as conseqüências da flexibilidade com os prazos e outros envolvidos. Saber de quais forças necessitará.

Comprometimento: estar comprometido com o quê? Em primeiro lugar, com a sua capacidade de realização e assimilação, assim como com as suas responsabilidades. Você é que escolhe.

Motivação: o prazer do resultado, sem ruídos externos. Os seus resultados.

Tradição e cultura: respeito, aprendizado, riqueza.

Honestidade: "Saber que seu último pensamento foi verdadeiro, sua última palavra foi sábia e seu último ato foi de amor".

Humildade: "...Apenas terminei o trabalho de um grupo".

Aproveitamento do tempo: "Se for útil para o seu próximo passo, faça".

Alinhamento: conflito de valores gera insatisfação.

Superação: cada dificuldade é um degrau para o próximo passo. Aquela pedra não está lá à toa, está lá para apoiá-lo.

A entrega – a doação: o que você produz pertence ao mundo, e foi coletado no mundo. Você apenas organizou pelo seu ponto de vista.

Manipulação: que seja benéfica e produtiva, seja o gerente de você mesmo, para poder manipular as peças do seu quebra-cabeça.

Desafios: são prazeres!

Capítulo 6

"A ORDEM DOS VALORES ALTERA O PRODUTO"

Utilizando as ferramentas descobertas no Capítulo 3 desta parte do livro, poderemos atingir qualquer resultado sem macular os nossos valores, apenas sabendo lidar com eles. Aproveitá-los ao máximo!

A seguir, alguns exemplos para facilitar.

- Uma mulher de 48 anos, pesando 130 quilos. Boa situação financeira, ótima saúde, muitos amigos, inúmeros compromissos sociais. Gosta de viajar, é viúva, a família está bem encaminhada. Seus "prediletos" são: ética, dinheiro, conforto, prazer, saúde, relacionamentos, novidades, estética, alegria, solidariedade, integração, mordomia. Como fará para emagrecer?

Em primeiro lugar, temos de descobrir para que ela emagreceria. De acordo com os seus valores "prediletos", ela é:

1º Ética: sabe lidar com as diferenças, respeita os valores do outro, não aponta defeitos ou características dos outros, não gosta de desperdícios.

2º Dinheiro: tem à vontade, e não precisa preocupar-se em ganhar mais, embora seja apegada a ele, só usando para coisas necessárias, importantes para ela.

3º Conforto: gosta de ficar sentada, espalhada no sofá, prefere assistir a um DVD em casa a ter que ir ao cinema. Andar? Só de carro. Ou avião! Nada de roupas que apertem.

4º Prazer: adora comer, promover reuniões sociais, viajar (de navio é melhor ainda!), bater papo horas, jogar cartas.

5º Saúde: cuida bem da saúde, faz medicação preventiva. Toma várias vitaminas, alimenta-se de fibras, frutas em abundância, e come bem.

6º Relacionamentos: conhece inúmeras pessoas, com quem está sempre aprendendo algo novo. Vive cercada de amigos, todos seus fãs, todos querem estar com ela, afinal, ela recebe muito bem!

7º Novidades: nas suas viagens, reuniões sociais, visitas, gosta de conhecer coisas diferentes, inclusive novos pratos, culturas alimentares. Vive experimentando novas receitas, que oferece para os amigos. Novidades na moda e decoração, clubes e cursos, não perde nenhuma oportunidade.

8º Estética: sabe vestir-se muito bem, de acordo com a idade e o tipo físico. Gosta de cores fortes, bijuterias exuberantes, quadros enormes nas paredes, com bastante informação visual. Acredita que o belo está no equilíbrio, na elegância.

9º Alegria: colabora para que todos estejam sempre felizes, rindo, alegres, conseguindo o que querem. É ótima conselheira para casos amorosos; adora piadas e comédias. Está de bem com a vida. Faz tudo por isso.

10º Solidariedade: divide tudo o que ganha, ajuda todos que precisam, verifica se nos seus meios sociais ela poderá ser útil de alguma forma. Compartilha os problemas e as alegrias.

11º Integração: apresenta uns aos outros, faz uma brincadeira quando chega, apenas para juntar o pessoal, passa para uma amiga o telefone de outra que conseguiu encontrar a ração do seu cãozinho, enfim constrói pontes, e não muros.

12º Mordomia: gosta de ser servida, de ser levada por alguém, gosta de ter várias opções, de ser sempre lembrada. Carrinhos auxiliares, milhares de mesinhas pela casa, telefones sem fio e controle remoto, é claro!

Bem, vamos à questão. A primeira pergunta era: como fará para emagrecer? E a segunda: para que ela emagreceria?

– Se a sugestão partiu de algum amigo ou familiar que gosta dela: essa pessoa está sentindo-se incomodada com o desequilíbrio visual dela, ou quer que ela esteja mais próxima dos padrões? Possibilidade de sucesso: 0%.

– Se a sugestão partiu de algum médico: a menos que esteja com alguma ameaça real de saúde, ela desviará o assunto. Possibilidade de sucesso: 20%.

– Se a idéia partiu dela mesma, porque algo a motivou para isso, a possibilidade de sucesso passa para 40%.

Para conseguir realizar, o motivo terá de ser muito forte, pois, para ela, a estética está em 8º lugar e sua saúde, em 5º. Vai muito bem, obrigada.

Se houver necessidade real, por um motivo de saúde, ela seguirá a sugestão, mas precisará: compartilhar isso com seus amigos, descobrir receitas novas e gostosas, não fará exercícios.

Uma idéia que ela aceitaria, e teria 60% de sucesso, seria ir para um *spa*, por exemplo, pois reúne vários de seus valores. O restante do sucesso seria, sem dúvida, a cumplicidade e a ajuda de seus amigos, que lhe mostrariam quanto conforto a mais ela teria com menos peso, e o prazer de associar suas viagens a grupos que corram atrás de novidades, o que requer boa forma física.

Portanto, se ela conhecer seus valores e souber lidar com isso, poderá alterar a ordem e mudar os resultados.

Outro exemplo: o herdeiro.

Rapaz com 30 anos, segundo de quatro irmãos, herdeiro indicado e preparado para assumir a empresa paterna; seu *hobby* é o mergulho; formado em administração de empresas com pós-graduação em economia.

Seus valores são: responsabilidade, respeito, ecologia, viagens, organização, segurança, paz, ambição, liberdade, família, ética, prazer.

Como garantir os resultados e o sucesso nesta incumbência?

Como é muito responsável, sua lista de "prediletos" será remanejada em hierarquia com as seguintes ações: reunir a família, expor sua forma de conduzir seu trabalho, determinar uma agenda de planejamento e de atividades, estabelecer livremente as metas com a sua visão e viajar todo fim de semana para mergulhar. Se ele não puder fazer o que gosta, do jeito que gosta, ficará insatisfeito e não conseguirá produzir. Assim como garantirá o apoio e a compreensão total de todos os membros da família, para não correr o risco de ser contestado ou cobrado indevidamente.

Conversando com um amigo meu, renomado consultor, Bernardo Leite Moreira, disse-lhe que suas palestras e aulas tinham-me mostrado uma das minhas falhas: a indisciplina. Prestei muita atenção nesse fato e fui-me corrigindo gradativamente, dentro da minha forma de ser. Após um ano, encontrando-o novamente, disse-lhe: – A disciplina eu já corrigi, agora devo-me focar nos objetivos. Ele olhou atentamente para mim e respondeu: – Conheço você. Se você focar nos objetivos e metas, ficará presa. É melhor manter-se centrada. Sua melhor arma é a versatilidade.

Isso ilustra a força de utilizar seus valores para seu próprio benefício, remanejando-os e adaptando suas ações à sua forma de ser.

Capítulo 7

CORRENDO ATRÁS DOS RESULTADOS

O Caos

As empresas não enxergam que pessoas são vantagem competitiva porque os valores do mundo corporativo são provenientes de uma cultura de negócios, que, embora competente e vencedora quando olhada com objetividade, não é congruente com a "natureza" das pessoas. Seres humanos têm inconsciente, emoções, libido, desejo de romper regras, sensibilidade.

"Cada capacidade que você tem abre oportunidades de sua utilização para algum propósito. Você é capaz de..."

Determine quais são as suas maiores forças. Aí, sim, estabeleça seus próximos passos. Após o "primeiro próximo passo", estará seguro e motivado para realizar, pois estará se respeitando e se valorizando.

Utilizando-se dos seus melhores potenciais e seus diferenciais, o sucesso virá "correndo" atrás de você. O mais importante não é ser rico, é ser próspero. Lembre-se, diariamente, de colocar dinheiro na sua frente, olhar bem para ele e dizer: "Não é você que manda em mim, sou eu que mando em você!".

A vida não é medida por aniversários ou quaisquer outros números, mas sim por realizações.

Defenda, sobretudo, os seus valores. São os seus recursos, sua segurança, a chave das portas do seu caminho. Você nunca os perderá pelo caminho, ninguém roubará isso de você (até porque só você conhece e sabe o valor que eles têm), poderá usar à vontade que não se esgotarão. Servem também para ajudar qualquer pessoa de seu relacionamento a ser feliz. São a sua colaboração para o mundo melhor e a manutenção deste maravilhoso planeta chamado TERRA!

BIBLIOGRAFIA – REFERÊNCIAS

CURSOS, PALESTRAS E VIVÊNCIAS DE
Lucia Helena Leal
Ken O'Donnell
André Alkimin
Clô Guilhermino
Celso de Castro
Xamã Timberê
Open Dreams
Benedito Milioni
Grupo Elos

CITAÇÕES E TEXTOS
Sai Baba
Ghandi
Victor Frankel
Phillip C. McGraw
Virgílio Vasconcelos Vilela
Grupo Nós Somos
Sites holísticos, sites de psicologia
Trabalhos acadêmicos encontrados na Internet

CONCEITOS
Mestres Ascencionados
Lord Robert Baden Powell
Bandeirantes, Escoteiros

DICIONÁRIO
Dicionário Priberam – on-line

Entre em sintonia com o mundo

QualityPhone:
0800-263311
Ligação gratuita

Qualitymark Editora
Rua Teixeira Júnior, 441 – São Cristóvão
20921-400 – Rio de Janeiro – RJ
Tel.: (0xx21) 3860-8422 ou 3094-8400
Fax: (0xx21) 3860-8424

www.qualitymark.com.br
e-mail: quality@qualitymark.com.br

Dados Técnicos:

- **Formato:** 16x23
- **Mancha:** 12x19
- **Fonte Títulos:** ZapHumanst BT
- **Fonte Texto:** Oranda BT
- **Corpo:** 11
- **Entrelinha:** 13
- **Total de Páginas:** 140

**ARMAZÉM
DAS LETRAS**
GRÁFICA E EDITORA LTDA

Rua Prefeito Olímpio de Melo, 1599 -CEP20930-001
Rio de Janeiro - RJ -Tel. / Fax .: (21) 3860-1903
E.mail:arm.letras@openlink.com.br